赴日投资创业指引

冯 骅 ◎著

日本へ投資せよ!
起業家必須の
ガイドブック!

中国财经出版传媒集团
经济科学出版社
Economic Science Press
·北京·

图书在版编目（CIP）数据

赴日投资创业指引/冯骅著. --北京：经济科学
出版社，2023.3
ISBN 978-7-5218-4605-8

Ⅰ.①赴… Ⅱ.①冯… Ⅲ.①企业-对外投资-研究
-中国 Ⅳ.①F279.247

中国国家版本馆 CIP 数据核字（2023）第 041290 号

责任编辑：宋艳波
责任校对：齐　杰
责任印制：邱　天

赴日投资创业指引
冯骅　著

经济科学出版社出版、发行　新华书店经销
社址：北京市海淀区阜成路甲 28 号　邮编：100142
编辑部电话：010-88191469　发行部电话：010-88191522
网址：www.esp.com.cn
电子邮箱：esp@esp.com.cn
天猫网店：经济科学出版社旗舰店
网址：http://jjkxcbs.tmall.com
固安华明印业有限公司印装
710×1000　16 开　13.5 印张　180000 字
2023 年 3 月第 1 版　2023 年 3 月第 1 次印刷
ISBN 978-7-5218-4605-8　定价：68.00 元
（图书出现印装问题，本社负责调换。电话：010-88191545）
（版权所有　侵权必究　打击盗版　举报热线：010-88191661
QQ：2242791300　营销中心电话：010-88191537
电子邮箱：dbts@esp.com.cn）

前　言

　　本书作为对日投资、创业的指导书，旨在从法律、实务层面向读者介绍对日投资、创业过程中，中国企业从"出海"到"返程"涉及的各个方面的法律基础知识、案例，以便能为对日投资感兴趣的投资者、创业者提供参考，规避投资风险。

　　本书首先从在日本投资、创业的优势及劣势角度介绍了日本投资、创业的环境，详细介绍了日本常见的企业组织形态，如株式会社、持分会社、一般社团法人的概念、特点、组织架构等。

　　为了供投资者参考，本书详细介绍了对日投资时可供选择的投资模式，如想要以新设公司的形式进入日本时，公司的设立流程、所需材料及设立后的年金事务所、税务部门应如何备案等。除新设公司之外，收购并购或受让已有的日本目标公司也是众多投资者较为青睐的投资模式，本书详细介绍了日本股份收购、事业转让时，投资者关心的债务、税务、员工、行政许可等问题，并详细介绍收购与并购过程中可能存在的法律风险与规避方式、M&A 的各个阶段需要注意和准备的重点事项，以及需要签订的法律文书及其重点条款等。

　　日本虽与中国一衣带水，但国民性有很大不同，本书还重点介绍了落地日本后，公司在运营过程中，中国投资者容易触犯的一些日本法律法规以及法务劳务相关法律规定。

　　除此之外，如何维持签证，也是很多投资者最为关注的问题，与其业务相关和家人赴日相关的各种签证问题，在书中都予以了详细说明，同时还介绍了日本在留资格管理制度中外国人需要承担的义务，及投资者的企业"落地"日本后，如何以外商的身份向中国投资（返程投资）涉及的法律法规。

目 录
CONTENTS

第一章　日本投资环境

1

关于日本的情况，大多数朋友都有一定的了解，陆地面积约 37.8 万平方公里，人口约 1.2505 亿（2022 年 5 月）。[①] 虽然日本国土面积不大，但其经济实力一直处于世界领先地位，2020 年 GDP 仍然稳居世界第 3 位，不必言说，自然有其过人之处。

一、日本的优势

通常企业在准备出海、选择投资国家时，除了考虑对外投资项目是否有可行性外，还需要对该国的大环境如招商政策、市场规模、经商环境、基础设施等进行考察。

[①] 中华人民共和国外交部网站，2022 - 10. https://www.mfa.gov.cn/web/gjhdq_676201/gj_676203/yz_676205/1206_676836/1206x0_676838/.

（一）基础设施方面

基础设施的完善程度，是很多公司在选择出海时需要考虑的几大要点之一。亚洲在电力供应、上下水道、交通运输、废弃物处理等基础设施方面，做得比较好的有中国、日本、韩国、新加坡等国家。而东南亚有些国家，虽说有劳动力成本低廉等优势，但在基础设施建设方面还存在一定的缺陷。比如说，有些国家由于每年都有几个月处于雨季时期，几乎年年都有台风或大洪水，且由于下水道设施的不完善，容易发生水灾或工业区泡水的情形，这些天灾很容易造成工厂停工、员工无法出勤的问题。还有一些国家由于水资源缺乏，又存在发电量不足、时常停电等情况，这也会对工厂的正常生产造成障碍。另外，还普遍存在道路设施不完善、物流成本高、原材料采购困难等问题。因此，很早以前，很多日企就提出了由于中国劳动力等成本增加，要把制造业往东南亚国家转移，包括2020年新冠疫情初始时期，因为口罩等物资的短缺等，日本政府提出了要将海外的制造业回迁，还拿出了574亿日元的补贴，但实际上退出中国的日企占少数，很大原因归功于中国的基础设施完善，以及供应链稳定、市场庞大等，这些都是其他国家和地区难以替代的优势。

日本是老牌的发达国家，其在基础设施方面大兴土木主要集中在20世纪六七十年代的几个经济高度成长期，虽然当时做得比较完善，但是时移事迁，今日也面临着部分设施老化的问题。不过日本政府已经意识到了这个问题，借着东京奥运会的召开之机，也在积极探索延长交通、上下水道、通信等种种基础设施的使用寿命。

（二）营商环境方面

这里所讲的营商环境，主要是指商务环境及生活环境两个方面。

从创业所需的办公室租金方面来看，日本的房地产价格一直较为稳定，租赁制度相对完善，因此租金也一直相对平稳。另外，虽然近些年一些日本企业发生过造假、伪造等现象，但大多数的日本公司仍然还是本着诚信经营的态度，虽然在合作之初可能会有较多门槛，但一旦建立了合作关系，便会基于信任，保持较为稳定且长期的交易关系。

在生活环境方面，根据国际智囊团经济与和平研究所（IEP）在 2020 年发布的全球和平度指数显示，日本因命案发案率低、枪械管理严格等优势，排名从 2019 年的第 11 位上升到了第 9 位。事实上，从世界范围内来看，日本的犯罪发生率一直处于较低水平。

所以说，日本是一个在人身安全方面可以获得安心感的国家，再结合房租较低、交通网络发达、生活购物方便、医疗体系完善等因素，投资人在选择跨国投资时，自然而然会将更多目光转向这个国家。

（三）招商政策方面

日本政府为促进投资，近年来也在不断改善投资政策，营造出优异的经商环境。

　　为了振兴地方经济，日本政府在 2013 年创设相关法律，设定了国家战略特区、综合特区和复兴特区等。在特区内就观光、教育、医疗、农林水产等一些特定领域，降低了对企业的限制，给予投资者在税率、财政、金融上的多项支持措施。例如，东京都为了应对东京奥运会和残奥会召开时外国人住宿设施不足的问题，同时也为促进地方经济的振兴和创造新的企业与就业机会，将东京都的大田区作为国家战略民宿特别区域，制定了可利用空闲房屋作为民宿经营的政策。当然，由于新冠疫情的冲击，该项政策的实施受到了一定程度的影响。

　　另外，日本还在 2020 年对《外汇法》进行了修改。该法虽然抬高了武器、飞机、航天、核能、可转用于军事的通用产品、网络安全、电力、煤气石油、通信、自来水、铁路等 12 个核心领域的投资门槛（今后还会追加与疫苗等医药品相关，以及与人工肺、呼吸机等医疗设备相关的领域），如原先要求收购上市公司已发行股的 10% 时才进行投资前的申报，现在调整为收购 1% 即需申报，但在指定行业以外，外国证券公司、银行、保险公司等金融机构，或一般外国投资者遵守一定条件时，可免除投资前的报告义务，比如说外国投资者或其密切相关者不担任该公司高管、不触及与事业相关的非公开技术信息时就不需要事先申报。

　　而在签证方面，新设以分数为计算标准的高级人才在留资格，给予缩短申请永久居留权所需的时间、配偶就业、父母随同等方面的优惠。另外，还创设了"外国人创业活动促进事业"制度，在特定的地区进行投资创业时，在创业准备期即给予最长一年的专为创业所设的"特定活动"签证。

此外，一些城市如东京都在 2022 年 2 月颁布了《"未来东京"战略》蓝图手册，作为招商引资的一环，为使外国人在东京创业更为容易，将向在东京设立公司并满足申请条件的外国企业提供不超过 1500 万日元（约 79 万元人民币）的贷款，贷款利率在 2.7% 以内，且无须担保，只要在 10 年以内返还即可。这一政策虽然在颁布之初受到一些担心税金被滥用的日本国民的抗议，但决策者们以大局为重，积极推进，该政策已在 2022 年 6 月 28 日正式实施。

（四）市场规模方面

从世界层面的经济体来看，2020 年日本的 GDP 为 52797.7 亿美元，仍然稳居世界第 3 位，经济实力和市场规模并不低。但众所周知，日本是个低消费欲望的国家，据内阁府对消费者动向的调查显示，受新冠疫情的影响，在感染人数增加的月份都能发现消费者欲望会随之大幅降低，但线上消费等的金额却成正比增长。为了从新冠疫情的打击中快速实现经济恢复，如何提高消费者的消费欲望，仍然是日本政府亟待考虑的重要课题。但长期的疫情也影响了消费者的消费习惯，如从线下消费养成了线上消费的习惯。而众所周知，日本仍然是现金社会，且在 5G 网络、远程教育及移动支付等领域，仍然属于尚未完全开垦的价值"洼地"，特别是日本政府也在积极促进无现金化社会的推进，这在某种程度上体现出内需市场或许仍有大展拳脚的机会。

二、阳光背后的"阴影"——不得不提的劣势

（一）劳动力成本较高

大概很多人有一个"听说日本人工资比较高"的朴素印象，那到底是怎样一个高法，至今为止并没有一个整体的概念。笔者根据日本总务省统计局公布的 2021 年版的统计数据，按行业做了相对比较直观的、不包括加班费等在内的每月基本工资的划分说明，详见图 1-1、图 1-2。

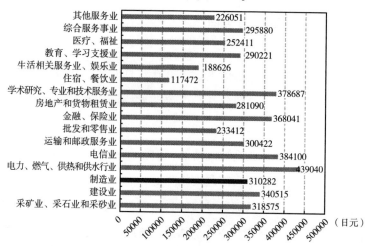

图 1-1　日本各行业劳动者月平均工资
资料来源：日本总务省统计局《日本统计年鉴》（2021 年版）。

以制造业为例，每月的平均工资在 31 万日元左右，相当于人民币 1.8 万元左右。而根据日本贸易振兴机构统计的 2019 年亚洲各国的日企制造业员工的月基本工资显示，以最高的中国

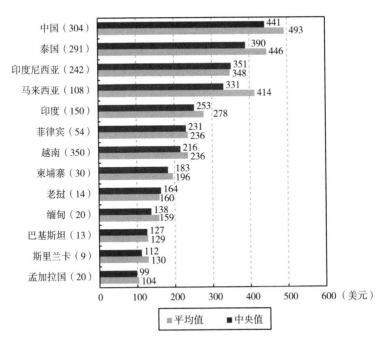

图 1 - 2 2019 年亚洲日系制造业员工每月基本工资
（平均值与中央值的比较）

资料来源：日本贸易振兴机构（JETRO）官网。

为例，平均月基本工资是 493 美元，大约是 3193 元人民币。

由于能找到的统计资料有限，没有考虑地域、工资构成、公司缴纳的保险额、物价及劳动生产率等差别，劳动成本再高，只要劳动生产率高，其实是没有什么问题的。不过笔者也仅仅只是想让读者对日本的劳动力成本有一个大概的印象，对于细节问题咱们就先存而不论吧。

（二）市场较为封闭

很多朋友大概听说过"日本是个很封闭的市场"这种话，

世界上很多比较有名的品牌都曾败走日本，如沃尔玛、forever 21 等，特朗普还曾经炮轰过日本的汽车市场封闭。其实从前面提到的招商政策来看，日本在法律政策等方面谈不上是一个拒绝外资的国家，但外资企业为什么在日本这么难以生存呢？这主要是和日本的社会环境及国民性有很大关系。

大多数日本人相对都比较保守，不太敢在明面上特立独行，也不太愿意尝试新事物，因为如果出错了，需要承担后果；并且在可选择的情况下，他们更愿意选择本国品牌，这种观念上至政界、下至民众，渗透在了日本社会的方方面面。就商务层面而言，前面也提到过，日本企业在最初开始合作之前，会对候选合作公司的背景及今后要将自己公司的产品销往何处，甚至有时候连下游经销商的背景信息等都会做一个全面调查，只有全部确认无误之后，才会提供一个报价。这种保守的商业习惯是很多外国人无法理解的，比如明明只是想要一个报价，未必会选择更进一步的交易，怎么还需要做如此详尽的调查？何况上下游交易渠道是公司的资源，怎可轻易告知？所以有些公司就觉得太麻烦了。但好处就是一旦建立了这种联系，今后就会进入一段较为长期且稳定的合作关系，即使是没有对权利义务约定得很详细的合同、即使双方之间有小的磕磕碰碰、即使价格会稍微高于市场价格一点点，他们也会基于诚信，努力地维持双方的关系。以日产公司为例，日产的前 CEO 戈恩在上任之初，采取的其中一项复兴日产的举措，就是将原先与日产有几十年交易关系的 1300 家供应商减少至 600 家，把采购成本直接降低了 20%。所以大家是不是对日本的这种稳定至上、不太爱变化的交易习惯有了一点初步了解呢？

三、2020 年对日投资的实际情况

受新冠疫情的影响，2020 年世界的经济整体出现萎靡的情况，但中国由于对于疫情的管控严格，成为全球唯一一个经济正增长的国家。根据中国商务部、国家统计局、国家外汇管理局联合公布的《2020 年度中国对外直接投资统计公报》的数据显示，2020 年，中国对外直接投资净额为 1537.1 亿美元，同比增长 12.3%。截至 2020 年底，共有 2.8 万家境内投资主体在境外设立 4.5 万家境外企业，分布在全球 189 个国家和地区。但是，2020 年中国对外直接投资净额前 3 位的国家和地区分别是中国香港、开曼群岛、英属维尔京群岛，美国和新加坡分别列第 4 位和第 5 位，对日本的直接投资净额甚至未进入前 20 名。只不过，据统计公报显示，2020 年末，中国在发达国家和地区直接投资累计额排行榜中，日本居第 8 位，占 42 亿美元。

根据日本贸易振兴机构 JETRO 以及日本银行在 2021 年公布的数据显示，2020 年，全球国家和地区对日直接投资总额从 2019 年的 4.4 兆日元上升到 7.1 兆日元。排名前 10 位的国家和地区中，中国内地排在第 5 位，为 1434 亿日元，而中国香港则排在了第 7 位，为 1239 亿日元。[①]

---

① 日本贸易振兴机构网站，2022 - 01，https://www.jetro.go.jp/.

第二章 日本企业组织形态简介

一、法人格

（一）基本概念

在正式介绍日本企业组织形态之前，为了便于投资者决定以什么企业形态投资，也为了避免今后在运营过程中，被认定为滥用法人人格导致投资人以个人的全部财产承担公司的债务的风险，首先需要介绍法人格的基本概念。

从字面上来看，我们可以把"法人格"拆分为"法"+"人格"，下面先讲"人格"。

日常生活中，我们把人格解释为"人的性格""道德品质"等，但在法律中，它指的是自然人在社会中的地位、名誉、尊严等，我国《宪法》第三十八条就规定了公民的人格尊严不受侵犯。《民法》则对"人格"上的权利做了更为详细的扩充。它是指自然人享有生命权、身体权、健康权、姓名权、名称权、肖像权、名誉权、荣誉权、隐私权、婚姻自主权等权利，它是生而为人自然而然就享有的一种权利，始于出生、终于死亡。

那么为什么像公司等组织能拥有自然人才拥有的"人格"呢？因为公司等社会组织作为民商事活动的重要组成部分，不可避免地会产生一些类似自然人才能享有的权利，如公司有公司名称、商誉等。因此经过一系列法律规定的程序后，法律为它拟制了一个人格，将其当成一个独立的"人"来看待，这样公司等社会组织就可以和人一样，享受一些在权利性质上可以享有的权利，如名称权、名誉权、荣誉权。

（二）公司法人格否认制度

公司经过法律的拟制后，被视作拥有了一个独立的"人格"，这种法人格的拟制就像面纱一样，隔离了股东与公司的关系，因此股东才能够以出资额为限，对公司的债务承担有限责任。但实务中有很多公司的股东，特别是股东百分百持股时，会将公司当作自己的"小金库"，有什么资金需求都从公司的账户上支取，或者用个人的账户去收取公司的货款等，导致个人与公司的账目混乱，或者造成公司亏空严重。如果此时还承认公司的人格独立，将可能会给公司的债权人或者其他股东带来损失。因此美国在 1905 年创立了"公司法人格否认制度"，欧美法系也把它称为"揭开公司的面纱"。言下之意，一旦法人的人格被否认后，则原本应该由公司承担的责任就由股东个人来承担，此时股东对公司的债务承担的就不是有限责任，而是无限连带责任。

现在世界各国几乎都导入了该制度。中国的《公司法》

第二十条明确规定，公司股东应当遵守法律法规和公司章程，依法行使股东权利，不得滥用公司法人独立地位和股东有限责任损害公司债权人的利益。公司股东滥用公司法人独立地位和股东有限责任，逃避债务，严重损害公司债权人利益的，应当对公司债务承担连带责任。日本对此制度目前虽无明文规定，但实务中并不少见。最早在1969年2月27日的一起"请求交付建筑物"的案例中，日本的最高裁判所[①]第一小法庭就适用了该制度进行判决。法官认为，根据准则主义，株式会社的设立程序非常简单，甚至可以设立一人公司，因此株式会社的形态不过就是个"稻草人"，公司即个人、个人即公司。如果实际上存在一些判定为个人企业也不为过的情形时，与之交易的人很多时候根本不清楚该交易是和公司进行的还是和个人进行的，对于这样的人有必要对其进行保护。

也就是说，在这种情况下，如发生一些需要将公司这一法律形态背后的个人"挖"出来的情形，即使是以公司名义进行的交易，也应该否认公司的法律人格，承认该交易是作为幕后者的个人行为，从而追究其责任。

二、常见的有法人格的组织形态

日本拥有法人格的法人形态极多，除了根据《会社法》

---

① "裁判所"是指掌握日本司法权、解决法律纠纷的机构，分为"最高裁判所""高等裁判所""地方裁判所"，还有专门处理与家庭相关案件的"家事裁判所"，以及处理争议金额较小的民事案件、情节轻微的刑事案件的"简易裁判所"。

设立的三种外，根据其他《地方自治法》《进出口贸易法》等法律设立的法人团体，粗略计算有两百来种。本书仅介绍几种在日本较为常见的法人种类，投资人可根据今后事业规划等需求，选择适合自己的对日投资形态。

（一）株式会社

1. "株式"的概念

日本的"株式"就是"股份"的意思，持股则意味着拥有股东的地位，享有日本《会社法》规定的资产收益、参与重大决策、会计账簿公开等权利，同时承担其应承担的出资等义务。日本的"株式"采取了细分化、按比例的单位形式，将资本金均等划分，每一股的金额相同，简而言之，股份就是一种衡量单位。假设某株式会社的资本金为 1000 万日元，每股的股价定为 1 万日元，已发行股份则是 1000 股，如某股东持有 200 股时，那就意味着拥有该株式会社 1/5 的股份，也就拥有了股东大会的 1/5 决议权。

简单讲，"株式会社"在组织形态上相当于中国的"股份有限公司"。它的设立也和股份有限公司一样，分为"发起设立"和"募集设立"，如果选择以株式会社作为进入日本的投资形态时，股东将以"发起人"的身份，申请设立株式会社。

由于日本法律对株式会社的初始资本金并无下限要求，如果不考虑前期的办公室租赁、办公用品购置等费用支出，原则上 1 日元也可以设立株式会社，因此法律也并未强制规定每股必须设定多少金额。但由于会社在设立时需要确定今后"可发行股数"的上限，如果股价过低，将来在增资时，可能会出现必须修改章程内"可发行股数"的上限后才可增资等情况，或者每股股价过高时，今后在接受第三人的融资时，可能会因为股价过高而给持股比例造成影响，因此一般每股设为1万~10万日元比较妥当。

只不过外国人在设立株式会社后，如果需要申请来日本的经营管理在留资格，申请的条件中需要满足资本金500万日元或拥有2名常勤员工的最低要求，日本出入国管理局之所以将雇用2名常勤员工作为申请经营管理在留资格的二选一条件，是因为2名常勤员工的工资支出等成本也差不多需要500万日元左右，所以外国人想以低于500万日元设立公司几乎不太可能。实务中外国人在日本设立株式会社时，每股的股价在1万日元左右最为常见，当然如果资本金较多，也可结合总资本金的金额和股东人数，合理决定每股的股价。

2. 特点

（1）股东责任有限

日本《会社法》第104条规定，股东的责任，以其购买股份的购买金额为限。也就是说股东出资以后，资本金就是株式会社（以下简称公司）的财产，公司运营过程中所需要的支出就从资本金中支付，股东不可以挪作私用。正是基于公司的这种"人格"独立，只要没有发生公司"人格"被否认的情况，对于公司的债务，股东仅在出资额的范围内承担。

只不过虽然法律是如此规定，但在实务中，如果公司需要向金融机构等融资，一般都会要求公司的社长担任连带保证人。如果股东同时兼任社长时，事实上对于担任连带保证人的公司债务就承担无限责任。并且由于日本有个人破产的制度，因此有些公司在破产时，常常会看到社长也跟着申请个人破产的情况。

（2）股份转让自由

原则上，股东对其持有的股份可以自由转让，因为公司制的企业本质上是资合公司，不像合伙企业那样有较强的人合属性。既然是资合，那么从股份转让中获取收益也并不为过。只不过实务中有很多公司的创始人在起步之初，大多数是基于共同的志向或目标走在了一起，因此实务中很多公司也具有较强的人合属性。为了避免股东将股份转让给陌生的第三人，从而给公司的经营决策带来障碍，可以在股东协议中约定股份转让须经全体股东同意，或者在发行股份转让时，需要通过公司的董事会或股东大会决议。

（3）股份和经营分离

虽然在我们日常生活中，许多公司的股东同时担任着公司的法定代表人或董事等职位，而日本很多株式会社的股东也同时担任了代表取缔役或取缔役①等岗位，这是由于公司在起步之初，有很多经营事项不可避免地需要投资人亲力亲为，参与公司管理，因此造成一种股东就等于是公司经营者的错觉。实际上在公司成长之后，很多公司会导入职业经理人制度，以帮助公司扩大规模，做出更好的经营决策，这就是股份和经营分离的实务操作。可以把株式会社想象成上市公司，持有股份的股东并不意味着可以直接参与经营管理公司，股东拥有的是收

---

① "代表取缔役"类似中国公司的"法定代表人"，"取缔役"则类似中国公司的"董事"。

益权、知情权和监督权等权利。

（4）组织机构的架构复杂

日本的《会社法》认为，株式会社今后是会发展成大企业的。以此为前提，《会社法》对公司的组织架构等做了很复杂的规定，小到一人公司、大到上市公司，都可以根据自身的情况，选择适合自己公司的组织架构。

以最简单的组织架构而言，公司必须要有股东会和取缔役。这是日本《会社法》的硬性规定，所有的株式会社都必须有这两个机构。除此之外，可以根据《会社法》的规定，自行在章程中确定采用何种组织架构模式。只不过一旦采取某种组织架构，随之会带有"强买强卖"的情况，简单举例即可了解。

① 公司如设置了取缔役会时，则必须要有监查役①（监查役会），或监查等委员会②，或指名委员会等③机构。反之如果不设置取缔役会，则不可以设置监查役会、监查等委员会、指名委员会。

② 公司选择设置了监查役（监查役会）时，则不可以设置监查等委员会或指名委员会等。

③ 公司属于大会社的，则必须要有会计监查人。

④ 如设置了会计监查人，则必须要设置监查役（监查役会），或监查等委员会，或指名委员会等。

---

① "监查役"类似中国公司的"监事"。

② "监查等委员会"，是指由三名以上的取缔役（监查等委员）组成，其中过半数是由外部取缔役组成的委员会。

③ "指名委员会"，是指有权决定向股东会提交与取缔役、经营管理层人员的选任和解聘相关议案内容的机构。其目的是将经营监督与业务执行明确分离，强化监督的功能和经营的合法性。

⑤ 如设置指名委员会等机构时，则不可以设置监查等委员会。

上面介绍的组织架构的设置规律只是"冰山一角"，如果公司既是大会社又是非公开会社，又或者既是公开会社又是大会社时，就更复杂了。投资者在考虑选择何种公司组织架构时，建议直接与帮助公司设立的律师或司法书士①商量。

（5）股份种类

中国国内的股份有限公司，一般可以将股份分为普通股和可优先分配利益的优先股，以及有表决权和无表决权的股份。日本的《会社法》为了使株式会社在发展过程中更为顺利地融资，因此在一定范围内，按照法律要求的条件，可以发行多种不同种类的股份。

① 转让限制股份。这是指转让时需要通过公司的决议机构同意的股份。

② 附取得请求权股份。这是指股东可以要求公司回购其持有股份的一种股份类型。

③ 附取得事项股份。这是指公司在发生章程等规定的事由时，可以回购股东持有的股份。

④ 利润或剩余财产分配不同的种类股份。这种类型的股

---

① "司法书士"是日本的准司法人员，其工作主要和法务局及裁判所打交道。例如，接受委托代理设立公司、不动产过户登记、债务提存，获得法务大臣认定的，还可以代理诉讼标的额不超过 140 万日元的简易裁判所民事诉讼等相关的业务。此外，外国人由于需要申请签证等，接触较多的还有一个法律职业叫"行政书士"，其主要是接受委托，起草各种行政许可、行政认可、登记、资格等相关的申请材料，并代理向行政部门提交，以及起草与法律权利义务相关的材料，或者一些对事实关系进行证明的材料等。

份可以理解为国内所说的优先股，但事实上也可以反向约定为在其他股份分红之后再进行利润分配的"劣后股"。

⑤ 决议权限制种类股份。这种股份种类是为不需要亲自参与公司经营，仅做资金投资、享受分红的股东而设，比较适用于想要融资但又不想接受投资人指手画脚的公司。

⑥ 附全部取得事项种类股份。这是指公司如果发行了两种以上的股份时，对于其中某个种类，可以在章程中规定通过股东会的特别决议，由公司全部回购的一种股份类型。

⑦ 附拒绝权种类股份。这种股份被称为"黄金股"，持有该种股份的股东，在股东大会上对决议事项可以行使一票否决权。由于其权力过大，因此公司会事先规定可行使拒绝权的事项范围，如某公司的老板考虑融资，但为了防止公司的支配权落入他人手里，就可以将其持有的股份中的一股转为附拒绝权的股份，这样就可以有效地规避公司经营支配权旁落的风险。

⑧ 取缔役、监查役选任或解任种类股份。如字面所述，这是有权利选择公司取缔役、监查役人选的股份，通常是经营者在融资时为了扩大自己在取缔役会中的话语权时所采取的一种方式，因此只限于部分公司可以发行，像设置了指名委员会的公司及公开会社，本身股份流通更为自由，如果允许则会给新股东带来不利后果，因此不允许发行该种股份。

对前三种类型的，公司可以将公司所有的股份都发行为这种性质的股份，也可以发行一部分。但后面的几种只能是部分发行。以限制决议权的股份为例，如果将公司发行的所有股份都定为限制决议权的股份，那股东在开股东大会时，就没有人来行使决议权了，反而会给公司经营带来不便。

（6）会社分类

日本的《会社法》将会社按照各种标准分成各种类型，比较好理解的是母公司、子公司、外国公司，或者按公司设置了某种组织架构来区分，一般分为取缔役会设置会社、会计参与设置会社、监查役设置会社等，还有以下几种比较有日本特色、偶尔又能在日常实务中看到的种类。

① 公开会社和非公开会社。根据股份是否可以不经公司的股东大会或取缔役会决议便可自由转让，日本《会社法》将公司分为公开会社和非公开会社。虽然有点类似上市公司和非上市公司，但并不完全相同。上市公司一定是属于公开会社，因为其股份可以自由流通，但公开会社不一定就是上市公司，即使规模很小的公司，只要发行了 1 股无转让限制的股份，那也属于公开会社。

② 大会社和非大会社。根据公司的资本或负债为标准，只要公司最后一个事业年度的资产负债表上的资本金在 5 亿日元以上，或者负债部分的总负债额为 200 亿日元以上的，都属于大会社。"负债等于资产"这句话在此体现得淋漓尽致。

3. 股东权利

众所周知，正常来讲股东都拥有按照出资的比例获取分红的权利。这部分的权利就是法学家们所说的自益权。在学说上，股东的权利被分为两类，一种是自益权，这是指股东可以从公司直接获取经济利益的一种权利，我国将其称为"受益权"。日本《会社法》第 105 条规定，股东对于其持有的股份，享有剩余金分配的权利和公司剩余财产分配的权利，即使在章程中规定股东不享有上述两种权利，这种规定也无法律效力。但是，章程中如果规定股东不享有上述两种权利的其中之一，则并不违法。其他如股份回购请求权也是属于自益权的一种。此外，还有一种权利是共益权，我国将此种权利称为"经营管理权"。如字面意思，这是指股东拥有参与公司经营的权利，最典型的就是股东在股东大会上的决议权，以及对公司监督纠正权，如向裁判所提起公司设立无效的诉讼，或者请求查阅取缔役会会议记录、会计账簿（此项权利有持股比例限制）的权利等。

实务中，如果股东人数较多时，除了个别投资人外，大多数投资人都会比较关心自己的持股比例能拥有多大话语权的问题。日本公司的大股东权利主要体现在《会社法》第 309 条第 2 款的股东大会特别决议上。特别决议是指拥有过半数表决权的股东出席，并且出席股东大会会议的股东所持表决权 2/3 以上通过的决议。因此，如果某股东持有公司 66.7% 以上股份，则可以单独决定公司合并、分立、解散、事业转让、减少资本金（增加资本金普通决议即可）、修改章程、公司回购特定股东的股份等决议事项。

事实上中国的《公司法》也规定，经代表 2/3 以上表决权的股东通过，股东会会议可以做出修改公司章程、增加或者减少注册资本的决议，以及公司合并、分立、解散或者变更公司形式的决议。如果要修改公司章程的，有限责任公司须经持有 2/3 以上表决权的股东通过，股份有限公司须经出席股东大会会议的股东所持表决权的 2/3 以上通过。

因此不管是中国还是日本，对于持股比例不同的股东并不能一视同仁，出于公司经营稳定的考虑，对于影响公司命运的重大决策权，中、日两国的法律在规定上，其实都将该权利交给了大股东。小股东如果需要争取更多的权利，或增加自己在公司经营上的话语权，则可以考虑从章程内容、董事会或取缔役会成员的设置、股东间协议等方面着手。

4. 和中国公司的典型区别

（1）商号

商号也就是公司的名称，一般在决定公司名称时，有一些限制条件。日本《会社法》第 6 条规定，公司应当按照公司的种类，在商号中使用株式会社、合同会社等文字。假设以"二马"为例，要设一个株式会社，公司名称可以是"二马株式会社"，也可以是"株式会社二马"，代表公司种类的文字在前或在后都没有限制。"二马"二字是采用汉字（包括日语中有的中国繁体字或简体字），还是日语平假名、片假名、罗马字，抑或是用阿拉伯数字代替，都是公司发起人的自由。当然也有部分限制，出于商业交易安全的考虑，公司名称不可以使用让人误会公司种类的文字，比如说要设的是株式会社，则不可以起名为"二马合同会社"。此外可以用在公司名称中的符号也仅限"&""'"","",""—"".""·"这六种。

其实，日本法律对公司重名的宽容度比中国要高。日本《商业登记法》的第 27 条规定，同一个地址禁止登记同样的商号。因此，假设"二马株式会社"想设在东京都新宿区 1 番地 2 号，如果有人在马路对面的 1 番地 3 号设个同样为"二马株式会社"的公司，那也可以设立成功；又或者"二马株式会社"的总部设在 1 番地 2 号的三楼办公室，如果其他人在同一栋楼的二楼设一个名为"株式会社二马"的公司，法律也并不禁止。只不过法律虽不限制，但公司名称毕竟是对外的第一张名片，如果恶意设立与他人公司名称相同或类似的公司名，很有可能会被认为违反"不正当竞争法"，从而引起纠纷。因此在设立公司之初，还是建议在法务省的登记、提存在线申请系统，先行进行商号检索，取一个最能代表自己公司的名称。

（2）资本金

就注册资本金一事，中国和日本的最大不同点就是注册资本金何时缴纳的问题。比如说中国的有限责任公司和股份有限公司的发起设立采用的是认缴登记制，只有股份有限公司的募集设立采用的是注册资本实缴登记制。认缴制是指公司设立的发起人在登记时只需认购其所需要缴纳的资本金便可进行登记程序，今后在约定的时间之前履行出资义务即可；而实缴制是指公司设立之前就需要将资本金款项汇到发起人的个人银行账户，因为公司设立的提交材料中需要有能够证明资本金已到位的证明材料。日本的公司登记制度实施的就是实缴制。

如果投资人（发起人）在日本境外，或者在日本没有银行账户，但设立时的取缔役或代表取缔役在日本的，则可汇入取缔役或代表取缔役的银行账户。不过实务中可能会出现投资人担心巨额资本金汇入取缔役或代表取缔役的账户后会被挪作他用，或者设立时与公司相关的全体人员都没有日本银行账户时，此时可以找其他可信任的人或组织，接收该笔资本金，只不过此时提交的公司设立材料中需要有发起人签字盖章的"接收资本金委托书"。

此外，由于株式会社的股东仅以出资额为限承担间接的有限责任，因此只能以货币或其他财产出资，不可以使用信誉或劳务出资。

（3）章程

日本把章程称为"定款"，它是公司组织和活动的基本纲领，在设立时需要全体发起人在章程上签名或盖章。

日本的公司章程和中国最大的不同点是，最早在设立之初，章程起草后，需要经过公证役场（类似于中国的公证处）进行认证。只有经过认证程序的章程，才可以作为有效的公司设立材料。不过公司一旦设立后，后续如果需要对章程进行修改，直接公司内部修改即可，无须再做公证。如果是细微的小修改，甚至无须进行公司登记部门——法务局的备案，只有涉及法务局规定必须进行变更登记的事项时，如面临公司名称变更、事业目的（经营范围）变更、公司地址变更等事项时，由于这些事项的变更需要同步修改章程，因此变更后的章程作为附件材料需一并提交法务局。

虽然日本在公司的经营上，将公司自主经营权交给公司，由公司自行在章程中规定，但对于章程的内容还是有一点要求。日本《会社法》第27～29条将章程内容分为了如下三个部分。

① 绝对记载事项。绝对记载事项，是指如果章程中少了这些内容，则该章程无效，如事业目的（经营范围）、商号、总部所在地、设立时出资财产的金额或其最低额、发起人的名字（名称）及住所、可发行股份总数。

② 相对记载事项。相对记载事项，是指这部分事项记不记载到章程内，本身不影响章程的效力，但如果不记载进去，则这部分事项不会被认定为有效。例如，某位投资人要以实物

出资时，则需要在章程中记载实物出资人的姓名（名称）、以什么样的实物出资、折价的金额，以及实物出资人据此可获取多少股份。此外，如果发起人要在设立过程中收取报酬的，也需要将报酬等事项记载到章程内。

③ 任意记载事项。任意记载事项，是指可以自行决定是否要记载到章程中的事项。比如说，只要在法律允许的范围内，追加一些法定相对记载事项之外的事项，只不过一旦记载到章程中，之后再想删除或修改就需要进行股东大会的特别决议。考虑修改章程的麻烦之处，因此在设立之初，最好与帮助设立公司的司法书士或律师商量好，哪些事项需要记载到章程内、哪些不用记载，毕竟对于可记可不记的任意记载事项，即使不记载到章程内，今后通过股东大会决议，或者其他规章制度中规定时，也不影响其效力。

（二）持分会社①（份额公司）

1. 概要

持分会社，包括合同会社、合名会社、合资会社三种类型。该类型的公司与资合性的株式会社不同，具有较强的人合属性。出资人被称为社员，日本企业常将"正规雇佣的员工"简称为"正社员"。虽都称为"社员"，但持分会社的"社员"指的是组建该社会团体组织的成员，它有以下几个特点。

---

① "持分会社"类似于中国的"有限责任公司"，以份额来反映其股权。

（1）设立成本小

在设立程序上，虽然和株式会社一样，设立需要进行登记，除了社员承担有限责任的合同会社外，其他种类的持分会社无须资本金到位，实施的是认缴制。设立费用更为低廉，章程无须认证，也就意味着无须花费公证役场认证的费用，且登记时需要支付的税费也比株式会社少。

（2）社员权利平等

在公司经营上，出资人作为公司的成员，每个人都可以参与公司的经营，即使出资比例不同，但公司在对经营事项进行决议时是按照人头来投票，即1人1票，因此即使某位出资人出了99%的公司资本金，其话语权和1%的出资人没有任何差别。如想转让自己持有的股权份额，或遇到公司合并、解散等重大事项时，如果没有特殊约定，原则上都需要全体社员的同意，并且持分会社的所有社员对外都可代表公司，所做的事情后果都由公司承担。这些限制对出资份额多的投资人都很不利。

（3）高度内部自治的自由

持分会社的组织机构的设置，不像株式会社那样有法律上的强制性要求，如株式会社必须要设置代表取缔役和取缔役，由于持分会社是以强烈的人合性为前提，因此法律认为各个社员之间对公司的事务都可以有商有量地进行。相比株式会社，持分会社更加重视内部自治，因此与公司治理相关的事项可以自行在章程中规定。例如，可以在章程中约定由某一位社员担任业务执行人，或者约定某个社员不享有业务执行权，不过在章程中对社员的限制，只局限于各个社员的内部关系。在对外关系上，原则上每个社员仍然可以代表公司，如果有善意第三人基于此与公司进行交易，公司章程中对社员的限制无法对抗该善意第三人，当然公司承担完责任后可依据内部的约定进行处理。

2. 类型

（1）合同会社

合同会社（limited liability company，LLC），是指出资人以其出资额为限，承担间接有限责任的公司。由于承担的是有限责任，因此只能以货币或其他财产出资，不可用信誉或劳务出资。此外，出资人由于和株式会社一样承担的是有限责任，并且设立手续简单、价格更低，实务中有一些在海外的投资人将公司设立的业务委托给日本这边的代理人时，由于不了解株式会社与合同会社的区别，有些代理人便直接将公司设立为合同会社，但由于委托书中委托的事项是"设立会社"，因此又无法根据委托合同追究代理人责任。而且出资人在海外时，为了使设立手续更为便捷，如需要有接收资本金汇款的账户或者为了在设立材料上签字方便等，很多投资人会再找一名在日本的人，作为设立过程中的挂名社员。由于设立时对社员的权利义务并不了解，于是章程直接套用模板，未对挂名社员的权限进行限制，导致后续经营过程中出现很多困难。虽然日本《会社法》第859条规定了社员的除名条件，但仅限未履行出资义务，违反竞业禁止、利益冲突规定，有贪污腐败等少数情形，最终不得不花一笔钱让挂名社员主动退社。又或者因为合同会社在社会上的认可度并不如株式会社高，因此又不得不将合同会社解散，或变更为株式会社。因此投资人在选择投资日本的形态时，一定要与设立公司的代理人事先做好充分沟通后，再决定选择适合自己的公司类型。

（2）合名会社和合资会社

合名会社的出资人可以用货币或其他财产、信誉或劳务出资，因此对公司的债务承担的是直接无限责任。因为是无限连带责任，因此设立时也不需要资本金到位。因为公司没有财产时，债权人会请求出资人偿还，而出资人则需以其个人的全部财产偿还公司的债务。仅就债务承担这一点来看，有点类似于中国国内的普通合伙企业。

合资会社，是指一部分出资人对公司的债务承担无限连带责任，另一部分出资人承担直接有限责任的会社。承担无限连带责任的出资人可以以劳务或信誉出资，但承担直接有限责任的出资人只能以货币或其他财产出资，类似中国的有限合伙企业。直接有限责任和间接有限责任的区别是，虽然都是有限责任，承担责任的方式不一样。例如，株式会社和合同会社由于是间接有限责任，因此在设立时就需要实缴出资，公司的债权人如果要回收债权时，也只能起诉公司，不能起诉出资人。而合资会社的出资人由于不需要实缴出资，因此公司的债权人要回收债权时，可以将公司以及有限责任的出资人一并起诉，只不过有限责任出资人承担责任的上限是以其认缴的出资额为限。

这两种公司类型由于公司的负债风险有很大可能会波及个人的财产，因此实务中很少有人会选择这两种公司形式。

（三）一般社团法人

长期以来，日本的公益法人中，存在一些挂着公益法人的名号，享有税收的优惠，但实际上却做着营利性的事情，公益性的判断标准不明朗的情况。为了解决这些问题，日本于

2008 年出台了《与一般社团法人及一般财团法人相关的法律》，将是否可以取得法人人格与是否需要有公益性的判断标准彻底区分开来。

根据该法规定，一般社团法人是以人为本而设立的非营利性团体法人，需要有 2 名以上社员方可成立。但事实上在运营过程中，如果有一方退出，只剩一名社员时，并不会被强制解散；只有所有的社员均决定退出，也就是成员为零时，必须要解散。社员可以是自然人，也可以是法人。由于一般社团法人是人合性质，因此无须财产即可成立。

一般社团法人的组织架构与株式会社很类似，最基础的模式是"社员总会"+"理事"。理事人数较多时，可以成立理事会。再复杂点的，可以加个监事，或会计监查人。除此之外，经营模式、决议过程等也和株式会社类似，可以运用资产进行营利、收益等事务，也可以将获得的收益用于法人的活动经费或当作工资发给为其工作的员工。但区别是，不可以向发起人或社员分红，或分配剩余财产。

此外，对于一般社团法人的业务范围，法律未做限制，像资格认定机构、行业组织等都可以设立成社团法人。

（四）一般财团法人

一般财团法人的设立者可以是 1 人也可以是多人，可以是自然人也可以是法人。由于其具有资合性质，因此法律规定了设立需要最低 300 万日元的财产，可以理解为资本金；且设立后也有持续维持资金的义务，如果设立后 2 个事业年度净资产持续低于 300 万日元，则会面临强制性解散。

同样，由于其有较强的资合性，对于资金方面的管理就非常严格。因此组织架构和一般社团不同，最基础的模式就有监查岗位——评议员＋评议员会＋理事＋理事会＋监事。如果资产负债表中负债总额在 200 亿日元以上等规模较大的一般财团法人，还必须设置会计监查人。

除此之外，在业务方面，与一般社团法人一样，可以经营的业务范围不受限制。在资产运用、分红、剩余财产分配等方面也和一般社团法人没有很大差别。

（五）特定非营利活动法人

特定非营利活动法人（non-profit organization，NPO），是指为了解决或支援社会问题，开展社会贡献活动的非营利法人团体。其活动领域仅限于提高医疗保健、推进教育目的、振兴观光旅游行业及发展学术、文化艺术体育、环保等 20 个特定领域。从其业务领域可以看出，实际上特定非营利活动法人大多数都有政府的背景，是一种类似于行政部门政策执行者的存在。

由于关系社会民生，因此特定非营利活动法人的设立条件较多，不像一般的法人只需向法务部门登记即可。特定非营利活动法人需要事先获得管辖行政部门的认证，得到认证后，才可以向主要营业所的管辖法务局申请设立登记，因此整体的审查期限长，一般需要 4 个月以上。但由于搭上政府的"便车"，好处是无须资本金、免许税等，设立的手续费也仅需要几千日元，且由于是公益事业，有很多税收优惠，如没有法人税、法人住民税等。

当然现在这个制度也被很多人诟病，有些人借着非营利这个壳实际做着营利的活，还存在被用作欺诈等犯罪活动的工具等情况。

三、常见无法人格的组织形态

（一）匿名组合

日本《商法》第 535 条规定了一种特殊的投资形式，叫匿名组合，也可以称其为隐名合伙。它是指向某个经营事业的人出资，约定从其业务产生的利润中进行分红。出资人被称为隐名合伙人，被投资的人叫显名合伙人。这种投资形式多存在于欧美等国家。匿名组合有如下几个特点。

① 出资人完全隐藏在幕后。由于隐名合伙人与显名合伙人之间属于合同关系，且无须对这种投资关系进行登记等，因此具有高度的隐秘性，并且双方的关系通过签订合同成立，具有较强的灵活性。这种投资模式被投资团体广泛地用于各个行业，如有些风投企业为了从小投资人手里集资，就会采用这种匿名组合的形式。

② 隐名合伙人以出资额为限承担有限责任。但是一旦出资后，所出资金即成为显名合伙人的财产，如果出资因显名合伙人经营亏损而减少时，只有亏损被弥补之后，隐名合伙人才能要求分红。等双方签订的匿名组合合同到期，要结束这段投资关系时，虽说显名合伙人应当向隐名合伙人返还其出资的金额，但如果出资因亏损而减少时，只需归还剩余金额即可。如

果显名合伙人的亏损过多，无特殊约定，隐名出资人无追加出资的义务。

③ 隐名合伙人和显名合伙人是一对一的关系，一个显名合伙人可以有多个隐名合伙人，并且与各个隐名合伙人之间各自签订单独的匿名组合合同，各个隐名合伙人有可能根本不知道其他隐名合伙人的存在。

④ 隐名合伙人对显名合伙人承担出资义务，但仅仅是出资拿分红的关系，无法参与显名合伙人的事业经营，对外也不能代表显名合伙人与第三人交易，更不能将自己隐名合伙人的合同地位转让。

（二）投资事业有限责任组合

除了上述无须登记的匿名组合之外，日本其实还有一种需要登记却无法人格的组合形式，它就是根据《与投资事业有限责任组合契约相关法律》设立的投资事业有限责任组合（limited partnership，LP）。这种组合形式虽然与合资会社类似，由有限责任的成员和无限责任的成员共同构成，但又有其独特的地方。

① 为保证交易安全，无论有限责任合伙人还是无限责任合伙人，均只能以货币或其他财产出资，无法像其他合资会社、合名会社的无限责任出资人一样，用劳务或信誉出资。

② 对无限责任合伙人的资质无限制，因此株式会社自不用说，合同会社、一般社团法人、匿名组合、有限责任事业组合都可以成为无限责任合伙人，外国法人如果在登记上没有问题，也可以成为无限责任合伙人。

③《投资事业有限责任组合》第 3 条规定了业务范围仅限于投资株式会社或企业组合的股份、新股认购，以及向匿名组合出资或可向事业者借款等，因此具有一定的局限性。

（三）有限责任事业组合

正因为投资事业有限责任组合具有一定的局限性，因此日本在 2005 年设立了新的投资模式——有限责任事业组合（limited liability partnership，LLP）。它是根据《有限责任事业组合合同相关的法律》设立而成。与投资事业有限责任组合最大的不同点在于，有限责任事业组合的全体成员都是只在出资额的范围内承担有限责任。其他还有如下特点：

① 业务范围无限制，各个行业均可投资。

② 由于有限责任事业组合属于无法人格的组织形式，因此不会产生法人税，仅向合伙人征税，因此该组织形式有省税的优点。

③ 拥有高度内部自治权，可以自由决定合伙内部的管理规则，如利润和权限分配等。

正因为上述的几种优点，并且运营过程中决议事项快速，所以该组合被风险基金、管理型投资基金和其他各种基金形式所利用。

第三章　对日投资模式

一、基本投资模式

目前，进入日本市场最常见的方式，主要有设办事处、代表人和支店登记、设立公司（法人）三种形式。

（一）办事处

如果有计划对日本市场进行投资，但前期对日本市场的情况又不了解时，可以考虑先设立一个办事处。它可以起到一个市场调查、广告宣传、收集信息，达到为将来设公司做好准备的作用。

中国对外国企业的驻华办事处有较为严格的要求，需要提供海外公司的住所证明、章程和存续 2 年以上的合法营业证明等材料，并根据《外国企业常驻代表机构登记管理条例》，到工商行政登记部门进行登记。但日本的法律对外国企业设立驻日代表机构并无条件要求，也无须登记，因此不会产生登记费用，也不用缴纳税金。

但是办事处也有其缺点，如没有独立的地位，无法以办事处的名义租用办公室，也不可以开设日本的银行账户，更不可以与客户进行签订合同等经营活动。如果需要雇佣外国人作为办事处成员，由于在申请在留资格时，需要满足"有合法独立且可稳定使用的办公室"这一条件，严谨的出入国在留管理厅审查官甚至有时候可能会上门确认情况。因此理论上虽然可以雇佣无在留资格的外国人并为其申请合法的在留资格，但实务操作中会存在不少困难。

（二）代表人和支店登记

根据日本《会社法》第818条规定，根据外国的法律设立的法人或团体（以下简称外国公司），如果想要在日本境内持续性地进行交易贸易等业务，则需要确定至少一名代表。代表人选可以是日本人也可以是外国人，但其中一名至少必须要在日本拥有住所，并在确定代表人选的3周以内，向营业所或代表人住所地的管辖法务局进行"驻日代表人选任"登记。违反该项登记义务的，将有可能向外国公司在日本的代表人处以100万日元以内的罚款。对于未登记就以外国公司的名义进行交易的人，也将可能被处以相当于公司设立时的登记免许税等额的罚款。

根据业务情况，如果需要有店头交易的，还可以设置营业所，也就是日本人常说的"支店"。营业所的设置也需要向法务局进行登记，如果住所进行搬迁，还需要进行变更登记。

上述两种登记完成之后，外国公司在日本就有了合法的身份。虽然没有法人格，但是代表人可以以外国公司的名义（设置营业所的可以以营业所的名义）开设日本的银行账户、签订办公室的租赁合同等。由于没有主体资格，因此，所有的债权债务以及公司的经费等最终都由国外的母公司承担。同时，由于在日本境内有业务贸易活动，由此产生的经济利益也需要缴纳源泉征收①所得税等税费。

（三）设立公司（法人）

正如之前介绍的日本各种组织形式，其实设立法人是最为常见的一种进入日本市场的模式。而法人当中，又以株式会社和合同会社最为常见。一是投资人或母公司作为子公司的股东，以投资金额为限承担有限责任，可以有效地避免子公司的债务问题波及母公司；二是由于子公司拥有独立的人格，子公司与第三人之间发生的任何商业纠纷、侵权行为，即使被起诉了，也不会影响到母公司，因此成为投资人的首选。当然株式会社和合同会社各有利弊，可以结合自身的需求，在设立前与帮助设立公司的司法书士或律师商量后决定。

（四）基本设立流程和所需材料

不论是代表人（营业所）的登记，还是日本法人的设立，

---

① "源泉征收"，是指公司从员工的工资等报酬中扣除税金，代替员工纳税的机制，此处的税金一般指的是"所得税"。

大致需要经历以下几个流程。

> ① 决定要登记的事项。
>
> ② 向法务局做商号的调查。
>
> ③ 起草登记所需的材料。
>
> ④ 在日本以及母国，对需要公证认证的材料进行公证认证。
>
> ⑤ 资本金汇款（日本法人的情形）。
>
> ⑥ 法务局登记。
>
> ⑦ 向银行申请开户和向税务等部门备案。

值得一提的是，出于对国家安全及防止重要技术流出等考虑，根据日本《外汇法》的要求，欲投资的行业不同，有时需要通过日本银行向财务大臣和事务所管理大臣进行事前或事后的备案。需要备案的行业会随着经济政策情况的变化通过不定时修改的法律追加。例如，在 2020 年 5 月因为新冠疫情的影响，日本通过法律修改将医用品、医疗器械制造业也加入了需要事前备案的行业。只不过从促进外国投资和减轻外国投资者负担的观点出发，2020 年 5 月开始引入了事前备案的免除制度。例如，对日投资人是外国金融机构的情况下，除指定行业的核心行业外，只要满足：①投资人自己或亲密关系者不担任目标公司的役员；②不在股东会上提议事业转让或废业；③不接触非经披露的机密信息等基本条件，就可以免除事前备案。或者投资人虽非金融机构，但投资了核心行业时，只要满足基本条件和追加条件，便无须事前备案，只需事后备案即可。

以下为截至 2021 年法律规定的指定行业及核心行业一览。

- 武器、飞机、核能、宇宙相关、可用于军事用途的通用产品的制造业。

- 电气、供热、通信事业、广播事业、上下水道、铁路、客运。

- 生物学制剂制造业、警备业。

- 农林水产、石油、皮革相关、航空运输、海运业。

- 集成电路制造业。

- 半导体存储介质制造业。

- 光盘磁盘磁带制造业。

- 电子电路安装基板制造业。

- 有线通信机械器具制造业。

- 手机 PHS 电话机制造业。

- 无线通信机械器具制造业。

- 电子计算机制造业。

- 个人计算机制造业。

- 外部存储装置制造业。

- 受托开发软件业。

- 嵌入式软件业。

- 打包软件业。

- 有线广播电话业。

- 信息处理服务业加入指定行业。

- 区域电信业。

- 长途电信业。

- 其他固定电信业。

- 移动电信业。

- 辅助使用互联网业。

- 感染症的医药品相关的制造业（包括医药品中间物）。

- 高度管理医疗器械相关的制造业（包括附属品、部分品）。

1. 代表人（营业所）登记所需材料

① 足以证明母公司存在的材料，如母公司的章程、外国公司的国籍国管辖政府机构出具的证明书等。

② 能证明驻日代表资格、身份的材料，如任命书或任命合同，以及代表外国公司的代表人的宣誓书、护照等。

③ 足以识别外国公司性质的材料，如章程或营业执照、工商登记信息等材料。

④ 对于公告方法有特殊想法的，还需要有该外国公司决定以什么方式公告的材料。如果没有特殊要求，登记时就按日本的惯例，在日本官方报纸上公告的，则无须提供此类证明材料。

⑤ 委任状。如果有委托代理人代为办理时，需要提供委任状。

⑥ 印章和印鉴证明书。由于日本还是个印章文化的社会，在各个登记材料中需要盖章等。如果无法提供印章时，则可在本国的公证处制作签名公证书，用以代替印章。

上述材料如果是用日语之外的语言起草，则需要附上日语翻译。

上述材料中，除委托书、翻译文和外国公司本国管辖机构的证明无须认证外，章程、任命书或合同等文件，必须经过外国公司本国管辖机构或日本领事及其他有权限的政府部门认证。实务中常见的做法是直接将 1～4 项材料的信息归纳到代表者的宣誓书中，再通过本国的政府部门对宣誓陈述书进行认证。

2. 日本法人登记所需材料

本小节仅介绍以设立无取缔役会（董事会）、无监事、以现金出资的株式会社所需的基本资料。实务中，根据投资人及新设公司的组织架构不同，有时需要根据法务局要求，提供追加资料。例如，实物出资时，还需要提供财产调查书、不动产鉴定士等专业人员证明书等。

①发起人（股东）的同意书。

②新设公司的章程。章程经起草后，需要发起人盖章，如果发起人是外国人，则需要在每一页章程上签名。之后，再向新设公司所在地的管辖公证役场进行公证。日本的公证役场对于章程认证并无统一的标准，因此根据公证人不同的主观判断，除章程之外，需要提交的确认材料也不同。由于认证时需要填写实际控制人的信息，有一些公证人对公司的实际控制人的确认非常详细。如果母公司恰好是在开曼群岛或英属维京群岛等免税地注册的，由于无法提供具体的政府工商登记信息，还有可能需要提供各种辅助材料，如公司注册证书、董事和高级职员登记册等，用以证明母公司的主体真实存在且合法。

③新设公司的实印。由于向法务局提供的法人设立申请书、印鉴（改印）届书等材料上需要盖新设公司的印章，因此新设公司在设立之前，就需要雕刻一个实印，这个实印一般也被称为法人章。

④设立时选定代表取缔役的证明书。这是指设立时由各个取缔役推选出由谁担任设立时代表取缔役的决议书。

⑤设立时代表取缔役、取缔役的就任承诺书。承诺书的

内容就是本人某某某在某年某月某日被选任为某公司的代表取缔役（取缔役），同意担任该职务。

⑥ 各役员①、发起人的印章和印鉴证明书。如果役员及发起人均是日本人，只需要提交在区役所②登记过的印鉴证明书即可；如果是外国人，则需要在本国公证处对自己的签名进行公证，用来代替印章和印鉴证明书，如上述的"就任承诺书"就需要役员们签字或盖章。

⑦ 资本金已汇款的证明材料。此项材料通常是接收资本金的存折复印件，一般需要提供三页——存折表页、账户持有人信息页、资本金到账的页面。

⑧ 委任状。如将设立手续委托给日本的律师或司法书士时，则需要委任状。

和代表人（营业所）登记所需材料一样，如果是以日语之外的语言起草的，均需要附上日语翻译。需要在本国公证的材料，也就是需要对本人的签名或印章做公证，其他在日本境外形成的材料，原则上都无须本国管辖机构或日本领事及其他有权限的政府部门认证。

（五）法人设立后需要做的一些工作

1. 向各个政府部门提交备案

公司设立后，还有一些后续的工作需要扫尾。如需要向各

---

① 日本《会社法》将取缔役（董事）、代表取缔役、社会取缔役、执行役、代表执行役、监查役、社外监查役、会计参与统称为"役员"，指的是包括经营者、上级管理者在内的执行公司业务或履行监督职责的干部人员。

② 日本"役所"是指国家或都道府县市町村办理行政等公共事务的场所，类似于"政府"。

个政府部门提交法人已经设立好的届或届出，中文意思就是
"备案"，并非申请，只需按照备案的要求，将届出书、公司
藤本（注册证书或营业执照）或章程等备案材料提交即可。
材料无遗漏、满足备案条件的，政府部门受理后即表示备案手
续完成（见表3-1）。

表3-1　　　　公司设立后备案部门、手续一览

备案部门	提交材料	期限
都道府县税事务所	法人设立届出书	因都道府县不同而不同（东京都为法人设立后15日以内）
市区町村役所（东京23区无此要求）	法人设立届出书	因市区町村的要求不同而不同
税务署	工资支付事务所等的开设届出书	在第1次的工资支付日之前
	法人设立届出书	设立后2个月以内
	青色申告承认申请书	设立后3个月以内。如设立后3个月内就迎来事业年度最终日时，在最终日的前一日之前
劳动基准监督署	劳动保险关系成立届	从雇用员工之日的翌日起10日以内
	劳动保险概算保险料申告书	从雇用员工之日的50日以内
	就业规则（变更）届	常时雇用员工达10人以上，必须起草就业规则，并立刻提交备案
	适用事业报告书	雇用员工后立刻备案
公共职业安定所	雇佣保险被保险者资格取得届	从雇用员工之日所属月份的翌月的10日之前
	雇佣保险适用事业所设置届	从雇用员工之日的翌日起10日以内

续表

备案部门	提交材料	期限
年金事务所	新规适用届	公司设立后 5 日以内
	被保险者资格取得届	从员工雇用之日起 5 日以内
	健康保险被抚养人（异动）届	如被抚养人需要追加、减少、姓名变更时，从该情况发生之日的 5 日以内

此外，由于日本的商业交易高度依赖银行账户，因此也必须及时向银行提交开户的申请。由于日本的各家银行开户条件都不尽相同，在开户之前需要与目标银行事先进行咨询。此项申请可在设立后与税务等备案手续同步进行。

2. 特殊行业的行政许可、行政认可

和中国一样，日本有些行业并不是公司设立后就可以立刻开始经营。有一些属于特许经营的行业，则需要再申请一个许可证方可正式营业。如不确定自己今后即将从事的业务领域是否属于特许经营的行业，可以预先向帮助设立的律师或司法书士确认。如涉及特许行业，务必记得在营业之前先申请特许经营的许可。以华人在日本较为常见的行业为例，有以下几种许可证需要申请（见表 3 - 2）。

表 3 - 2　　　　　常见特许经营种类一览

行业	执照、登记、备案种类	申请部门
不动产中介	宅地建筑物取引业免许	国土交通大臣或都道府县知事
旅行业	旅行业登记	国土交通大臣或都道府县知事
人才派遣中介	劳动者派遣事业届出	厚生劳动大臣
餐饮业	食品营业许可	保健所
酒店、旅馆	旅馆业营业许可	保健所
二手物品销售	古物商许可	公安委员会

二、其他投资模式

除了上述介绍的通过设立法人进行对日投资的模式外，还可以通过股份转让等方式，取得已经在日本经营多年的日本企业的资产、股份、业务部门、经营权等，实现本公司的资本或业务扩张，以达到快速进入日本市场、提高自己公司市场经济价值的目的。这就是我们常说的"投资并购"的方式。

其实并购一词有两层含义。一种是"合并"（merger）；另一种是"收购"（acquisition），也就是一些金融投资人口中的"M&A"。

合并有两种方式：

第一种是吸收方式：A公司将B公司吸收，A公司继续存在，B公司注销，反之亦可。

第二种是新设方式：A公司与B公司合并，成立C公司，A公司与B公司同时注销。

收购通常是指以现金或其他方式，购买被收购方的全部或部分资产或股份的行为。可以根据实际的需要，采用原主体的法人实体继续存在的吸收方式，也可以采用新设法人的收购方式。

除此之外，还有将两家公司的股份进行交换，互相持有对方公司的股份，以达到合作的目的。也有将两家公司的股份全部转移到某新设公司，实现"共同股份转移"的目的。实务中，合并、分割、股份交换等手法在对日投资领域并不常见，因为前述的这几种手法主要是两家公司或股东出于强强联手、扩大市场占有份额等目的，而海外资本对日投资主要是为了达到快速进入日本市场、获得先进技术、拓展新业务领域等目的。因此，利用"收购"已有经营基础的日本企业更能达到"快速"之目的；而"收购"最常见的手法，是股份转让和事业转让。如果当事人或被收购的目标公司属于上市公司时，除了会受到《民法》《会社法》《独占禁止法》等法律调整之外，还会受到《金融商品交易法》及金融商品交易所各项规则等制约。因此，M&A 程序也更为复杂，本书仅以非上市公司的中小企业为前提，对日本的 M&A 模式做简要介绍。

（一）股份收购

1. 股份转让

股份转让，是指收购目标公司的全部或部分已发行完毕的股份。其特点是整个收购流程较为快速，特别是收购全部股份的情况下，在后续的公司经营过程中就不会面临来自其他原有股东的压力。

与中国因股东变更需要进行工商登记不同，日本公司如果只是股东变更，不需要向公司住所地的管辖法务局进行变更手续。但股东变更后，目标公司的经营管理人员特别是代表取缔役、监查役等役员需要变更，或者公司名称、经营范围、住址需要变更时，则需要向公司住所地的管辖法务局进行变更登记申请手续。

2. 第三人配股增资

第三人配股增资，是指目标公司向特定的第三人（如投资人）发行新股，由投资人收购新发行的股份。此时需要进行增资程序。

日本的《会社法》规定，株式会社在设立之时，章程中必须要规定"可发行股份"的总数。如果要发行的新股数量在该限额内，则通过法务局履行普通的增资程序即可；如果超出该数额，还需要目标公司修改章程中的可发行股份总数的上限，方可履行增资程序（《会社法》第37条）。

3. 需要注意的问题

（1）关于债务

由于股份转让是将目标公司所有的有形或无形的资产在转让时全部按原状继承，如果在尽职调查中，对于已发现的债务或不需要的资产等，虽然可以考虑采取一些切割的办法进行处理，但如果存在账簿之外的债务、隐性债务、偶发债务等，也会被迫继承，对买家而言，此为不可避免的风险点之一。

（2）关于税务

一般来说，目标公司的股东在转让其手中持有的股份时，会因为出卖行为而有所收益。针对该收益，如果是自然人股东，则需要缴纳所得税、复兴特别所得税、住民税；法人股东则需要缴纳法人税、地方法人税、地方住民税、地方事业税等。

目标公司不会产生纳税义务。原则上从目标公司的股东手中受让目标公司股份的买家也无纳税义务。但特殊情况下，如转让或者新发行股份的股价低于评估价时，则属于有利转让或者有利发行[1]，此时作为受赠人的买家需要承担赠与税（自然

---

[1] 有利转让和有利发行是指转让价格或发行价格明显低于"时价"，不动产等的价值评估办法一般根据国税厅发布的"财产评估基本通达"实施。

人买家）或法人税（法人买家）。赠与税的税率根据赠与的额度不同而不同，赠与的金额在 200 万日元以下的，赠与税的税率一律在 10%；赠与额超 3000 万日元时，税率甚至高达 55%①。

（3）关于名义股

日本 1990 年之前的《商法》规定，设立株式会社的发起人必须要 7 人以上。如果发起人达不到 7 人时，就不得不借用亲朋好友的名义。因此，如果欲收购的目标公司设立于 1990 年之前，则要重点注意是否存在 "隐名股东" 的情形。笔者之前曾接触过的一起收购案中，目标公司设立于 1980 年，欲转让手中全部股份的股东自称其是目标公司的 100% 持股股东。但经过实际尽职调查后，发现虽然公司的所有资本金是其一人所出，但有 6 名隐名股东，而且由于已经过去近 40 年，当时的 6 名隐名股东只有 2 名可以取得联系，其他 4 名都无法取得联系。对于可以取得联系的 2 名隐名股东，经协商后，愿意对股份转让一事给予配合。对于无法取得联系的隐名股东，就很有可能出现将公司收购过来后，隐名股东或隐名股东的继承人要求确认股东地位等风险。因此，如果目标公司存在隐名股东的情况时，一定要趁早解决此问题，如利用 "下落不明股东股份买卖制度" 等，做好防范的对策。

（4）关于行政许可等

有很多投资人收购其他公司时，还会担心目标公司的原行政许可、行政认可等被撤销的问题。这个倒不用太担心，如前所述，股份转让时，目标公司的一切有形或无形资产都被一并

---

① 国税厅关于赠与税的计算与税率的规定．（2022 – 02 – 26）［2022 – 11 – 27］．https：//www. nta. go. jp/taxes/shiraberu/taxanswer/zoyo/4408. htm.

转让，因此当初目标公司在申请相关的行政许可、行政认可时（如化妆品制造业许可、化妆品制造销售业许可、危险物储藏所设置许可、古物商许可证等），其申请所需的客观条件并未发生变化，因此无须重新申请。但是，虽说无须重新申请，但有一些特殊行业的行政许可、行政认可在申请时需要对股东信息进行确认。例如，对于外国资本介入较为敏感的行业，则有可能出现实质上要提交的材料不亚于重新申请的情况，如与金融相关的资金移动业行政许可就非常繁杂。笔者曾处理过的一笔与资金移动业相关的收购，由于转让后对实际控制人的审查过于严格，因此投资人与被收购公司最初申请行政许可时的关键技术人员进行协商，请求继续留任，以获得该行政许可不被取消。

（二）事业转让

1. 事业转让的概念

事业转让，是指并非收购目标公司的股份，而是收购目标公司某项业务的全部或者部分有形资产与无形资产。笔者曾处理过一起收购案，某日本企业亏损额达十几亿日元，即将面临破产。公司仅剩日本酒生产部门尚存一些价值，而投资人也只想介入日本酒生产领域，因此该日本企业将日本酒生产部门从公司切割后转让。该投资模式需要与基本投资模式相结合。最常见的就是投资者在日本"设新法人"后，再以该新设的日本公司去受让目标公司的某业务部门。可以说，"事业转让"转让的是与该业务部门相关的"有形资产"+"营业权"。营业权是指包括品牌、专有技术、人力资源、地理位置、销售渠道、交易对象等在内的无形资产。营业权的价值评估有多种方式，日本国税厅曾经发布的"财产评估基本通达"中，就对营业权评估值给出了"平均利益金额×0.5 - 标准企业者报酬额 - 总资产价额×0.05 = 超过利益金额"的参考计算公式。

值得注意的是，日本《民法》第 424 条规定，如果债权人发现债务人存在损害债权人的行为时，可以向裁判所请求撤销该行为，这就是"诈害行为取消权"，也就是中国国内所称的"债权人撤销权"。因此，像濒临破产的目标公司在破产之前，如果将尚存些许价值的资产等转让时，如果未处理好与债权人的关系，则很有可能会出现事业转让行为被裁判所撤销的风险。因此，在切割时每一步都需要与破产管理人进行充分沟通，以规避风险。

2. 投资人关心的问题点

（1）债务问题

对于事业转让，并非像股份转让那样所有的资产等全部概括性地一并受让，简单来说，就是买家可以根据自身的需求，购买目标公司该业务部门相关的资产等。选择权在买家手中，因此一些不需要的资产或者账外债务、隐性债务不会被迫继承。但是，并非所有的债务都可以不需要承担，如果欲购买的资产附带了债务，如想要购买的某个机器设备属于分期还款的情形，未还完的部分就无法免责。

此外还需要重点注意的是，有一些投资人在完成事业受让后，不愿意继续使用目标公司的公司名，而改用新的公司名时，按照日本《会社法》的规定，除非通知债权人说愿意承担转让公司该事业相关的债务，否则可以不承担该部分债务的偿还责任（《会社法》第23条）。但事实上，很多投资人在受让事业后，为了借用原公司的市场影响力或者为了稳定原有的交易关系等，收购后仍然打算继续使用原公司名的情况居多，此时如果忽视了后续的一些步骤，则有可能承担不必要的债务。

根据日本《会社法》第22条规定，受让公司如果继续使用目标公司的商号时，该受让公司需负责偿还目标公司因该事业产生的债务。但如果受让该事业后，及时向受让公司注册地的管辖法务局进行"免责登记"，则可以不承担该部分债务的偿还责任。或者受让该事业后，以受让公司及目标公司的名义，同时向第三人（如债权人）发出债务免责的通知时，也可以获得同样的效果。笔者曾经就经手过一起诉讼案件，起因就是作为被告人的某中资旅行社经某中间人的牵线，收购了日本的一家巴士公司，不仅未做尽职调查，收购后还未做免责登记和免责通知。收购后不久，巴士公司的债权人便起诉要求偿还几千万日元的巴士租赁费用。因此，在收购时切记要注意是否有隐性债务的存在，做好债务切割的防范措施。

（2）税务关系

对于目标公司而言，因其转让了业务部门，因此对于该转让的收益，需要缴纳法人税。而对于买家来说，由于资产等都是个别购买，如果收购的资产中存在建筑物、土地等不动产时，则需要承担流通税，也就是转让税。这是一种财产所有权转移时需要承担的税费，日本目前不动产所得税的税额一般相当于不动产评估额的3%～4%。此外，既然购买了不动产，当然需要进行不动产所有权变更登记，此时会产生登记免许税，税率一般在2%。

除了金钱债权、土地、有价证券、押金、保证金等之外，其他的一些资产如属于消费税的征收对象时，还需要缴纳10%的消费税，包括库存、机器设备、商标权、专利权等。

（3）员工关系

采用事业转让的模式，该部门的员工也像有形资产或无形资产一样，需要另行"购买"。首先员工需要从目标公司离职后，再与买家的公司重新签订劳动合同，对于一些不需要的员工，也有可能不需要接手。而且重新签订劳动合同则意味着在劳动条件方面有商量的余地，只要与员工就劳动条件达成一致意见，也是一次摒弃不合理的旧劳动条件，重新适用新规则的机会。只不过大多数日本企业较为重视员工的安置问题，在谈判时会提出"按原来的劳动条件接收员工"的条件，因此视双方谈判的情况，可具体案件具体分析。

（4）交易对象关系

与员工的关系一样，对于交易对象也可以进行选择。可以根据需求，留下一些优质的供应商和经销商，但缺点是需要重新签订合同。因此，也有可能面临优质供应商和经销商不愿意继续合作的情况。

（5）行政许可、行政认可的问题

由于事业转让是仅转让目标公司的一个业务部门，因此一些行政许可、行政认可的申请条件就产生了根本性的变化。在采用该模式时，最令人"头疼"的就是与该业务部门相关的原行政许可、行政认可需要重新申请。如笔者上述提到的日本酒业务部门，买家在收购后，便与酒造部门住所地的管辖税务局的主管人员进行面谈，规划今后的经营目标、事业计划等，根据国税厅的要求，重新申请新的"酒类制造许可证"。

三、M&A 的流程

不论一个企业是出于何种动机做出 M&A 的战略目标，在该战略目标做出之前，企业势必经过内部自我分析、外部市场分析等过程。明确好发展方向后，就正式进入以下五个 M&A 阶段，如图 3 – 1 所示。

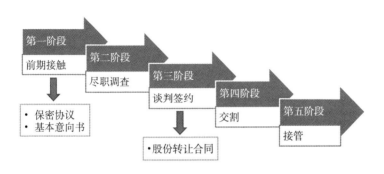

图 3 – 1　M&A 的不同阶段

（一）第一阶段——初探

1. 前期意向阶段

在该阶段，企业会在其制定的并购战略目标的基础上，与目标公司进行初步接触，了解对方的市场定位、规模及签署保密协议等。如果事先没有具体的目标公司，准备以广撒网的形式筛选出目标公司，此时一般建议利用一些投资公司、M&A 中介，以及有 M&A 业务的律师事务所、会计师事务所、咨询公司等中介机构，进行咨询和了解，这些中介机构拥有比较多的 M&A 资源及信息，通过它们寻找、游说合适的目标公司接受 M&A 活动，这是一种比较稳妥可靠的选择方式。

2. 该阶段涉及的合同

（1）保密协议

通常收购方与目标公司初步接触时，由于对彼此的情况不了解，多少都会怀有一些警惕心。特别是双方达成初步意向后，通过法务、财务、税务等尽职调查，目标公司内部组织部门的情况、所有财务数据、经营信息、与上下游商家的合同等企业机密全部都需要向收购方披露，而实务中确实也存在一些假借并购的名义，打探竞争对手的企业信息，获取商业秘密等情况。因此，目标公司一般都有签订保密协议的强烈需求。如果通过 M&A 中介机构寻找目标公司时，一般 M&A 中介机构在披露候选目标公司的基础信息之前，也会要求签订保密协议。这是因为 M&A 中介机构拥有的这些候选目标公司的信息也是属于其独家掌握的商业资源，不签订保密协议的话，一是担心收购方会将这些资源提供给 M&A 中介机构的竞争对手，二是也担心跳过 M&A 中介机构直接与目标公司进行接触。

一般来说，保密协议的条款主要会约束收购方不得将双方接触过程中披露的信息泄露给第三方，也不得用于除本次 M&A 之外的其他目的。此外，还会约定假设 M&A 失败时，已披露的信息如何处理的问题。当然最关键的还是出现泄密时，违约方将承担何种违约赔偿的条款。在 M&A 过程中，从信息披露的数量比例来看，保密协议大多数条款都是用来约束和限制收购方。

（2）基本合意书

初步筛选出目标公司后，在进入正式的尽职调查阶段之前，一般需要先签订收购意向表明书或基本合意书。这两份合同可以分开签订，有些也会将这两份合同的内容合并成一份签订，其内容主要是双方对于合作或收购的一个意向表态。

主要条款内容包括股份、不动产等转让对象及 M&A 的日程安排、尽职调查的对象、欲转让目标公司股份的股东信息、卖家需配合的事项、整个 M&A 过程中的费用承担、专属谈判的有效期限，如果是股份 100% 转让时，可能还会涉及目标公司高管人员、员工处置等约定。站在收购方的立场上来看，基本合意书绝对不可或缺的条款有两条：独占交涉权和基本合意书无法律约束力。

独占交涉权，是指在专属谈判的有效期（一般会约定为 3 个月）内，目标公司不可以向其他第三方伸出"橄榄枝"。一般来说，在整个 M&A 的过程中，购买方不仅需要支付 M&A 中介机构的前期咨询费，还需要支付律师事务所、会计师事务所的尽职调查的报酬。除此之外，还投入了大量的时间成本。因此，在谈判期内，如果第三方提出了更为有利的交易价格，则目标公司很有可能借机进行抬价，使购买方遭受重大损失。所以，在初步接洽之时，及时签订有独占交涉权条款的合意书非常重要。

此外，基本合意书除了独占交涉权及保密条款外，其他条款无法律约束力也是比较重要的事情。有些投资人可能不太理解，条款没有法律约束力，岂不是对方可以随意变更？那对我方是否反而不利？之所以需要约定一些条款无法律约束力，是因为基本合意书中通常会约定收购的价格等基本条件，而价格很有可能会基于后续的尽职调查结果而有所变动，如发现目标公司隐藏的"地雷"过多，且预测收购后无法"排雷"的可能性极大时，甚至有可能放弃收购。此外，其他如收购的日程安排等也可能会因为各种原因发生变动，因此"无法律约束力"的条款事实上也是给买卖双方留了一个可进退的余地。

（二）第二阶段——调查

1. 尽职调查阶段

尽职调查是指针对目标公司的资产情况、经营情况、财务情况等进行一个摸底，调查并分析目标公司存在哪些隐藏的问题和法律风险。同时，律师事务所或会计师事务所会对调查出的各种隐藏风险进行分析，并提供整改意见或对策。

有很多赴日投资的个人或公司，在收购或参股时，都未对目标公司做过详细调查。有些甚至仅仅听信介绍人的保证，便轻易地投入成百上千万的资金。要知道，有的企业之所以会急于转手或寻求融资，很多是因为经营发生困难、企业陷入困境的时候，其中问题很多，也不会只浮于表面。当企业陷入困境，除了经营者决策的经营方针出错外，是否还有因人事制度不完善、内部管理不到位、产品生产环节不重视等原因导致？或许有些介绍人会说目标公司的财务状况良好，单纯是因为经营者年事已高、后继无人不得不转让等，或许这些确实是想转让的主要原因，但财务报表上营利就真的是营利吗？笔者曾接触过收购时未对目标公司进行尽职调查，转让完毕后，在运营过程中才发现目标公司的土地、厂房等并非介绍人所说的自社拥有的资产，而全部都是租赁物件，直接导致母公司海外扩张之路夭折的情况。或者有一些目标公司虽然在资产所有权方面无瑕疵，但在过去的经营中，由于经营方式存在问题，如过去在人事劳务管理上未合法合规经营，埋下了各种纠纷的隐患；又或者漂亮的财务报表实际是通过各个关联公司的关联交易，使公司每年的业绩欣欣向荣。新管理层在不知情的情况下收购目标公司后，不仅要考虑如何稳定原有交易关系、开拓新交易渠道，还要抽出精力解决一个个"雷点"。因此，投资者想通过并购介入海外市场时，一定要重视尽职调查。

尽职调查（due diligence，DD）的种类较多，最基本的有法务 DD、财务 DD。根据调查对象及投资者重视点不同，还可细分为商务 DD、人事 DD、税务 DD、情报信息 DD、环境 DD 等。每一种尽职调查，根据目标公司所处行业的不同，需要调查的项目也会有所差异。本书仅以法务 DD 为例，做简单介绍。

确定开展法务尽职调查时，律师事务所需要制作"请求提供资料的清单"。目标公司要根据清单，准备需要提供的资料的复印件、电子数据等。律师在收到各项材料后对材料进行分析，如果发现有疑点未解决的，可再次向目标公司请求更进一步的书面材料。实务中很多目标公司如果合规意识不强时，内部的信息并不一定全部都形成了书面文件，或者通过书面材料仍然无法掌握所要调查事项的具体情况时，还需要安排与调查事项相关的目标公司负责人进行面谈，口头质询详细的情况。

法务 DD 一般共通的调查项目有：目标公司的组织机构、股份、资产、负债、事业及重要合同、人事劳务、行政许可等合规项目，以及诉讼与纠纷、环境问题等。根据目标公司所处行业的不同，调查的对象及需要提供的资料也会有所差异。此外，需要提供的资料时间范围，一般基于日本《民商法》关于消灭时效的规定，对于可能会被追究法律责任的情况，需要提供过去 3~5 年的资料。

2. 调查项目

（1）目标公司的公司概要和组织结构

① 需要确认包括但不限于以下资料。

- 商业登记藤本（履历事项全部证明书）。
- 公司章程。
- 公司概要、业务内容及沿革的资料。
- 公司组织结构图、职位、配置人数。
- 公司过去 3~5 年股东会、取缔役会及其他有关经营重要事项的会议纪要（包括附件、分发资料等）。
- 目标公司所有的规章制度（就业规则、工资规定、退职金规定等）。
- 分支机构、营业所、公司办理业务的其他事业据点所在地及业务概要。
- 公司役员姓名、经历及负责业务一览表。
- 其他与公司概要和组织结构事项有关的资料。

② 需进行分析的基本要点。

通过上述材料，可以从整体上掌握目标公司的组织情况。例如，目标公司是否经过合法的设立程序，有无可能因为设立程序的瑕疵而被提起设立无效的诉讼；注册资本金是多少，可发行股份的上限是多少，是否存在今后有可能导致股份被稀释的新股预约权，本次 M&A 如果采用第三人定向发行新股是否需要修改章程中关于可发行股份的上限的规定等；规章制度的规定是否符合法律和章程的规定；公司在召开各种与经营相关的会议时，招集手续或决议事项是否符合法律规定，是否会存在因程序瑕疵、决议事项违反日本《会社法》，而被提起确认撤销或无效的诉讼的可能性等；过去有无股份转让的情况，本次股份转让或资产转让需要经过目标公司内部的何种程序；如日本的《会社法》规定了公司可以发行不同种类的股份，通过确认章程，可以知道公司内部有无发行种类股，本次股份转让是否需要经过公司权力机构的同意，是否有股东掌握着附拒绝权的股份，也就是实务中所说的拥有一票否决权的"黄金股"；等等。

③ 可能存在的问题点。

• 登记上的瑕疵。

日本的公司在设立时，除了股东会之外，还可以按照实际的需求，确定取缔役，也就是董事的人选。如果董事人数过多，也可以成立取缔役会。根据日本的《会社法》规定，如果章程中规定公司是属于设置取缔役会的公司，则在法务登记时必须要明确这一点（《会社法》第 911 条第 1 款第 15 项），如果未对此事项进行登记，将可能被处以 100 万日元以下的罚款（《会社法》第 976 条第 1 款）。

• 股东会等方面的瑕疵。

实务中很多独资的公司，由于股东单一，股东就是经营者、经营者就是股东，因此在公司的管理和决策制定上，容易忽略定时股东会的召开问题，有一些甚至从公司设立之后从未召开。根据日本法律规定，定时股东会应当在决算日后的 3 个月以内召开。如果未定时召开股东会，有可能会被处以 100 万日元以下的罚款（《会社法》第 976 条第 18 款）。

此外，法律规定每次召开股东会、取缔役会时，需要留下会议纪要等文件，并应当将会议纪要在公司的主要办公场所保存 10 年（《会社法》第 318 条第 1 款、第 2 款和第 369 条第 3 款）。公司违反此规定时，公司的取缔役等将有可能被处以 100 万日元以下的罚款（《会社法》第 976 条第 4 款、第 7 款、第 8 款）。

- 财务业务公告。

根据日本《会社法》规定，株式会社应当在定时股东会结束后，及时按照章程规定的公告方式（如政府公报、刊登时政新闻的日刊报纸、电子公告），将能够反映公司财务情况的资产负债表（大会社需要公告资产负债表和损益表）进行公告（《会社法》第 440 条第 1 款）；未及时进行财务报表公告的，公司的取缔役等有可能会被处以 100 万日元以下的罚款（《会社法》第 976 条第 2 款）。

（2）股份

① 需要确认包括但不限于以下资料。

- 股东名册。
- 公司设立以后至今为止，反映股东变化的资料（过去的股东名册等）。
- 公司设立以后至今为止，反映股票发行状况的资料（股票管理台账等）。
- 过去所有取缔役会关于同意股份转让的会议纪要。

● 股东间合同及股东与公司的合同。

● 股票的权利限制或负担（如质权、担保等）一览表及权利设定合同等。

● 其他与股份有关的资料。

② 需进行分析的基本要点。

在这个部分，主要需要确认目标公司的股份构成、各股东之间的股份比例，以及股东与目标公司之间关于其所持有股份签订了何种内容的协议等；此次要收购的目标股份是否经过合法有效的发行程序，股东是否合法地持有该部分股份；过去股份曾发生过变动的，则要查看是否签订了合法的股份转让协议，如目标股份属于限制转让的种类股时，是否经过了社内权力机构（如股东会、取缔役会）的许可，如果公司是属于发行股票的公司，伴随着股份的转让是否交付了股票；等等。

③ 可能存在的问题点。

● 转让时未交付股票。

根据日本《会社法》第 128 条第 1 款规定，发行股票的公司如果在进行股份转让时，必须在交付与该股份相关的股票后，转让才发生效力。这一点是国内投资人容易忽视的问题，因为 1993 年之后，中国就采用了无纸化股票交易的方式，实物股票几乎只能在博物馆看到。而日本在 2004 年的《商法》修订时，将是否发行股票的决定权交给了公司。在此之前，法律规定发行实物股票属于公司的法定义务，而当时股份的转让程序也更为简单，股票作为重要的有价证券，代表着股东的身份与地位。在股份转让时，即使不签订股份转让协议，只要交付股票,转让行为就合法有效。而股票的持有人,不论其获得的途径如何,法律首先推定其合法地享有与该股票相关的股东权利(《会社法》第 131 条第 1 款)。对于股东地位有争议的,再通过协商或裁判所解决谁是真正股东的问题。因此股票的保管及交付非常重要,在收购日本公司的股份时,特别是收购 2004 年以前的目标公司的股份时,一定要通过章程确认目标公司是否属于发行股票的公司。

● 转让限制种类股在转让时目标公司未做决议。

根据日本《会社法》第 136 条和第 137 条第 1 款规定,持有转让限制股份的股东打算将其持有的股份转让给他人,或者转让限制股份的受让人在受让该股份时,可以请求目标公司同意。而目标公司的股东会或取缔役会必须要召开股东会或取缔役会进行决议(《会社法》第 139 条第 1 款)。如果股东会或取缔役会的召开程序或决议方式不符合法律规定,则可能会导致其他股东提起撤销决议的诉讼。以未设置取缔役会的非公开会社为例,限制转让股份的转让需经股东会的普通决议(《会社法》第 265 条第 1 款),普通决议需满足"有权行使股东表决权的股东中持有过半数以上表决权的股东出席",并"由出席的股东所持表决权的二分之一以上通过"这两个要件(《会社法》第 309 条第 1 款)。未满足人数要件及决议要件时,属于决议可撤销的事由(《会社法》第 831 条)。如果股东会决议万一被撤销,或者转让时根本未经过目标公司的股东会决议,对于未获得目标公司同意的股份转让行为,其转让的效力只在股份转让的当事人之间发生,目标公司可以不承认新股东的股东地位,这就可能会发生新股东无法合法行使股东会的决议权及无法获得利润分配等问题。

- 隐名股东。

隐名股东也是股份转让过程中的一个重要风险点，前面的章节已经介绍，此处不再赘述。

（3）资产

① 需要确认包括但不限于以下资料。

一是不动产相关事项。

- 公司自有、出租、租借或使用的所有土地、建筑物一览表（包括种类、所在地、所有权人、使用权、担保设定情况等）及不动产登记簿藤本。

- 上述物件涉及的买卖合同、租赁合同、担保设定合同和其他合同。

二是知识产权相关事项。

- 拥有的或使用的，或者获得授权的商号、商标权、专利权、实用新型权、外观设计权、著作权、服务标志及其他知识产权一览表（包括有无登记、有无共有人、有无设定担保等信息）。

- 上述知识产权登记册、专利公报及申请文件（包括申请中或申请后的补充文件、附件及其他有关文件）。

- 与知识产权相关的授权许可协议、转让协议等。

- 与职务发明有关的内部规则、与员工达成的协议文件及能够了解过去实绩的资料。

- 有关专有信息、客户名册和商业秘密管理的资料（包括内部管理规章和保密义务合同）。

三是其他资产相关事项。

- 公司自有的、租借的或出租的设备机械、日常用品等动产一览表（种类、放置场所、所有权人、使用权及担保设定情况等）。

- 上述动产的买卖合同、租赁合同和其他合同。
- 公司拥有的有价证券一览表（种类、公司名称、取得时间、市场价格等）。
- 公司持有的全部债权、涉及抵押权的合同及相关文件。
- 公司持有的银行账户、余额及与账户有关的合同等。

② 需要进行分析的基本要点。

M&A 时，特别是采用事业转让模式，本身购买的就是有形或无形的资产等，因此这些资产是目标公司所有的还是租借的、权利关系和法律关系是否明确、是否有第三人对资产的所有权有争议就至关重要。

此外，还需要确认是否存在影响资产使用和处分的情形，如是否存在共有人、是否在物件上设定了抵押等担保物权、是否出租给第三人等。

另外，目标公司拥有的知识产权是否是其独立开发完成，有没有存在侵犯他人知识产权的可能性；如果是第三方授权使用的知识产权，则授权许可合同是否存在独占性、排他性的条款；有无使用区域、使用期限的限制，如存在使用期限的问题，到期后无法使用该知识产权是否会对目标公司的业务产生巨大影响；等等。

③ 可能存在的问题点。

- 不动产存在共有人。

根据日本《民法》第 249 条规定，任何一位共有人都可以根据其所持份额，对共有物的整体享有使用和收益的权利。如果要将共有物出租或维修，属于共有物的管理行为，一般只需要按照各共有人的份额的价格，以拥有其过半数以上价格的共有人来决定即可（日本《民法》第252条）。但是如果要让共有物的性质或形状发生物理上的变化，或进行法律上的处分时，如要将农田变为宅地、要将不动产售卖或设定抵押权，则属于共有物的变更行为，需要全体共有人的同意（日本《民法》第251条）。除非有签订5年内不得分割的协议，否则各共有人随时都可以请求分割共有物（日本《民法》第256条）。因此，如果存在共有人时，由于权利受到法律的限制，目标公司对不动产的使用、收益和处分的权利势必会受到影响。

● 不动产或动产上设定了担保物权。

公司在运营过程中，当资金流出现一些问题时，都会考虑向银行贷款融资。而银行提供贷款的条件，便是需要提供担保。如果公司拥有不动产，那极有可能会在不动产上设定抵押权。对于收购人而言，如果该融资款项用于目标公司的经营，并且形成目标公司的债务，可以据此对收购价格进行减价的协商。如果是为目标公司的股东或取缔役等第三人提供担保时，如果真正的借款人无法偿还银行贷款，则目标公司的不动产将可能被银行拍卖。如果在尽职调查的过程中就发现此问题，需要及时与真正的借款人进行面谈，督促其及时还款或提供其他担保。抵押权做过法务局的设定登记时，还必须要求借款人配合目标公司，实施法务局抵押权设定登记注销程序。

● 目标公司核心产品的知识产权归属于股东。

实务中，有很多公司在申请商标、外观设计、专利权时，并不是以公司的名义去申请，而是以股东个人的名义申请，之后再通过有偿或无偿的方式，授权给公司使用。公司在运营多年后，可能利用使用了该商标等知识产权的产品打开了市场，并成为公司的主营产品。而 M&A 的收购行为，如同一颗石子投入井中，可能打破原股东与目标公司之间长期稳定的关系。如果在使用授权合同的条款中，授权方居于主导的强势地位时，这时有可能仅仅收购其手中的股份还不够，还需要与拥有知识产权的股东达成知识产权转让协议，或协商签订更加符合目标公司利益的新的使用授权合同。

（4）负债

① 需要确认包括但不限于以下资料。

> ● 所有借款合同及所有未清偿债务一览表（包括借款金额、借款条件和担保情况等）。
>
> ● 公司与股东、取缔役等社内人员之间的借款合同及所有未清偿债务一览表（包括借款金额、借款条件和担保情况等）。
>
> ● 所有担保物权一览表及与此相关的担保设定合同和相关文件。
>
> ● 其他近期财务文件中未记载的与账外债务相关的资料。

② 需进行分析的基本要点。

该部分主要分析目标公司对外存在哪些应付而未付的债务，如银行融资、第三方借款、应付账款等。

还需要分析潜在的债务风险，如是否有向第三方提供担保、有无与他人签订损失补偿合同等。

确认以上债务的发生原因与商谈经过，分析其权利关系、法律关系是否明确且合法。

③ 可能存在的问题点。

• 关联公司、股东与公司之间的借款情况。

实务中，有很多目标公司在经营过程中，当资金流紧张时，由于向银行等外部融资等待时间长，还需要提供担保，为了快速解决问题，很多公司选择向目标公司的股东或者关联公司借款。有些管理制度并不完善的目标公司，对于借款可能并不会签订借款合同，也不会约定利息的比例，甚至未约定还款期限。一旦考虑 M&A 时，作为债权人的股东或关联公司可能就会要求收购方清偿这些借款。通过尽职调查，如果发现存在借款时，不仅可以在后续的谈判阶段协商收购价格的减价问题，还可以进一步确认借款的时效问题。

根据 2021 年新修订的日本《民法》第 166 条规定，债权人知道其可以行使权利时起 5 年内，或者自权利可以行使之时起 10 年内不主张债权的（以最早到来之日为准），则债权因时效而消灭。也就是说，作为债权人的股东或关联公司在向目标公司借款后，5 年内都未要求目标公司偿还时，则该笔借款已经因为过了消灭时效而不用偿还。因此，在 M&A 时，收购人如果发现借款已过消灭时效，则可以据此拒绝股东或关联公司要求偿还债务的要求。

• 未支付款项的问题。

如前所述，有一些目标公司的主营产品所使用的商标等知识产权的所有权有可能在目标公司的股东手里。笔者之前接触的一起 M&A 案件中，目标公司与作为商标权所有人的股东签订了商标授权使用协议，约定目标公司需要每月支付使用该授权商标的商品月销售额的 5% 作为商标使用费。该股东是目标公司的 100% 持股股东，因此目标公司在签订协议后从未支付过该笔商标授权使用费，但商标授权使用协议毕竟仍然有效，一旦收购后，授权股东就有可能基于该合同，要求目标公司一并支付过去的商标许可使用费。通过尽职调查发现该问题时，便可以在谈判阶段要求授权股东转让商标，或放弃商标使用费等处理对策。

（5）事业及重要合同

① 需要确认包括但不限于以下资料。

- 与各业务商流（采购销售等合同关系、目标公司的作用等）相关的资料。
- 主要供应商（采购量靠前的公司）一览表及采购合同。
- 主要销售对象(销售额靠前的公司)一览表及销售合同。
- 物流合同（运输委托合同、仓库使用合同等）。
- 委托制造和委托其他业务的合同。
- 包括禁止竞争义务、限制与他人交易等排他性条款、优惠待遇条款等可以限制目标公司事业活动的合同。
- 存在财务限制条款的合同。
- 有最低采购数量、最低销售数量，且合同有效期超过一年以上的合同。
- 其他对目标公司而言重要的合同。

② 需进行分析的基本要点。

通过此部分，需要确认目标公司的业务流程、盈利模式、业务的可持续性；挑选对目标公司整体交易额占比较大的几个重要合同，分析这些重要合同期满后对目标公司经营将产生何种重大影响；目标公司对外所签的合同中，是否存在禁止竞争义务、禁止与他人交易等排他性义务及最低采购额、最低销售额等限制目标事业活动的条款。

③ 可能存在的问题点。

• 业务依赖关联公司交易。

实务中，一些公司出于节税或风险规避的目的，采用采购、加工、销售分立经营的模式；公司经营的各个环节均设立独立的法人对外承担责任，而在各个承担不同职责的关联公司之间签订合作协议。这就很可能导致公司的经营严重依赖关联公司之间的交易，剔除这些关联交易后，可能与其他客户之间的交易只能带来一点点利润。

笔者曾协助一家海外公司收购日本的一家化妆品代加工（OEM）工厂及三家关联贸易公司。经过法务尽职调查，发现该 OEM 工厂的前 5 位原材料供应商中，有三家为同一集团的关联公司，且供应量占比高达 76.4%；而前 5 位销售客户中有两家公司为同一集团中的关联公司，销售额占比高达 99.4%。显然，这个集团公司便是采用了分立经营的模式。这也就意味着 OEM 工厂和关联贸易公司被收购过来后，原有的采购和销售渠道存在短时间内给工厂的运营带来不稳定的因素。由于关联交易的比重过高，出卖方当时以营业额等为依据提出的 M&A 价格显然存在水分。据此也可以在后续阶段的谈判中，对收购价格进行调整压价。

• 重要合同不具有可持续性。

在签订合同时，通常都有这样一项条款："当甲方或乙方，在对方发生'公司决议解散、合并、分立或公司的实际控制人发生变更时'，另一方可以不经过通知，单方面解除本合同及个别合同的全部或部分。"

这样的条款在很多商业合同的模板中都能看到，因为合作的条件通常都是基于双方协商一致后，出于对对方的信任才开始交易。如果对方公司发生了这种重大的变更，不仅有可能影响今后合同的履约能力，而且由于未和对方的新实际控制人建立信赖关系，因此不敢轻易继续合作。如果目标公司的重要合同中存在"中途解约"条款，在 M&A 后，重要的供应商或销售客户很可能会单方面行使合同解除权，给目标公司的经营带来不稳定因素。

此外，可能还存在"人情"交易的问题。笔者曾协助的一起并购案中，目标公司的股东由于年事已高，且无继承人，因此打算将其 100% 持股的目标公司卖掉。经过法务尽职调查，发现前 5 位销售客户中，居第一位的公司占了目标公司销售额的 65.4%，且该公司的老板是目标公司股东的几十年老友，这就有可能导致目标公司换了实际控制人之后，丢失原有大客户的问题。

（6）人事劳务

① 需要确认包括但不限于以下资料。

* 能了解公司员工各种雇佣形态（正式员工、合同工、兼职员工、外派员工、派遣员工等）的资料，如人数、岗位、平均年龄、工龄概要等。
* 持有岗位所必需的相关技能或资格的员工的概要资料。

- 公司员工的雇佣合同（劳动合同、雇佣通知书、就业条件通知书）。

- 反映劳动时间管理方法、加班时间实际情况、加班工资支付情况的资料。

- 福利制度及各种保险（包括但不限于健康保险、社会保险和劳动保险等）概要的资料。

- 过去×年内已实施或目前正在实施或今后计划实施的劳动条件或就业规则变更相关的资料。

- 员工加入工会概要的资料（包括加入人数、加入率、组建经过，有无上级团体的记载、工会章程及劳动协定等）。

- 劳资协定（包括 36 协定[1]、工作时间制度相关劳资协定、工资扣除相关劳资协定等）。

- 过去×年的劳动问题、罢工相关的资料。

- 过去×年内，受到劳动基准监督署[2]、社会保险厅、劳动局[3]及其他与劳动相关的政府机关实施的指导等相关的资料。

- 过去×年员工惩处、惩戒、解雇相关的资料。

- 上述以外有关重要劳动问题的资料。

---

① "36 协定"，是指劳资双方就加班时间等事宜所签的协议，其依据是《劳动基准法》第 36 条，因此普遍也被称为 "36 协定"。详细内容请参照后续章节。

② "劳动基准监督署" 是厚生劳动省的驻外机构，对辖区内的企业是否有违反劳动基准法等法律法规的行为进行监督，同时也是提交工伤申请的部门，简称 "劳基署"。

③ "劳动局" 是 "劳基署" 的上级组织，指挥和监督辖区内的 "劳基督"。在职责方面，"劳基署" 负责监督企业，以及督促企业纠正违反劳动相关法律法规的行为，而 "劳动局" 则是起到解决个别劳资纠纷的作用。

② 需进行分析的基本要点。

日本由于长期以来的终身雇佣制及年功序列制①的影响，包括裁判所法官在内，多站在劳动者的立场去看待问题。因此一旦发生劳动纠纷，用人单位实际处于弱势一方，动辄甚至可能赔偿上百万日元到上千万日元的解决金。因此，目标公司在劳务管理方面，做得是否到位，有没有可能存在隐形的劳动纠纷，很有可能影响收购后目标公司的用工成本。

重点需要确认目标公司内员工的人数、雇佣形态。由于发生纠纷时，举证责任在公司一方，因此还需要确认日常劳动时间管理体制是否完善，实际管理是否合法合规。

此外，根据日本相关法律规定，满足一定条件的公司有法定的起草就业规则的义务。要确认关于就业规则的起草过程、备案、周知等，是否已经履行了法定义务，是否属于有效的就业规则。

另外，还需要明确过去目标公司有没有对员工作出过惩戒处分，该惩戒处分是否有理有据；员工主动离职或被解雇时，离职程序是否已经妥善履行完毕，有没有可能存在离职后追究公司赔偿的可能性。

③ 可能存在的问题点。

• 未支付加班费。

根据日本《劳动基准法》第 37 条的规定，对于平日加班、休息日加班及深夜凌晨加班，需要支付增额不低于 25%的加班工资。从劳动者可以主张权利的时效来讲，从离职之日

---

① "年功序列制"，是指以"终身雇佣制"为前提，根据员工的年龄及工龄等逐步提高其职位和工资待遇的一种传统日本企业文化制度。

起算，可以追溯过去 3 年的加班工资。除此之外，还可以要求公司支付与未付加班费等额的付加金①（日本《劳动基准法》第 114 条）。实务中，有一些公司会有意无意地忽视加班费的问题。过去一些年龄较大的员工受终身雇佣制的思想影响，向公司主张加班费的事情较少，但近些年由于经济不景气，且现在的日本年轻人已经没有了父辈们那种执着地在一个公司干到老的想法。因此，加班费问题成了现在劳资纠纷的主要纠纷之一。如果在法务尽职调查中发现存在巨额的未支付加班费的问题时，为了收购后的合法合规经营，在与目标公司的股东协商收购价格之际，一定要将此笔潜在费用考虑在内。

- 有固定期限的劳动合同转无固定期限劳动合同。

根据日本相关法律规定，与同一用人单位签订两次以上有期劳动合同，且合同期限合计超过 5 年的劳动者，在现行有效的有期劳动合同期限届满之日前，向用人单位提出要求，在现行有效的有期劳动合同自届满之日第二日起转换成无期限劳动合同的申请时，视为用人单位同意该申请（日本《劳动合同法》第 18 条第 1 款）。也就是说，已经满足有期转为无期的法定条件，如果劳动者不申请，则继续按照有固定期限劳动合同来履行即可。但一旦劳动者提出要求转成无期时，用人单位无法拒绝。而日本的公司由于雇佣情况较为稳定，员工在一个公司工作十几年、二十几年的情况比较常见。因此通过尽职调查，可以确认目标公司每位员工的入职时间，筛选出拥有

---

① "付加金"，是指用人单位未向劳动者支付一定款项时，裁判所可以根据劳动者的请求，责令用人单位支付与该款项金额相同数额作为惩罚措施。根据日本《劳动基准法》规定，可以适用付加金的款项有"解雇代通知金""休业津贴""加班费、休息日及深夜倍率工资""年休期间的工资"。

"无期转换权"的员工名单，以便提前做好准备。

● 未履行就业规则起草义务或备案义务。

根据日本《劳动基准法》第89条规定，长时雇用10人以上员工的用人单位必须要起草就业规则，并向辖区的劳动基准监督署备案。就业规则类似于员工手册，中国的很多企业都有起草员工手册的意识，来日投资时也不太会忽视就业规则的起草问题。但是，很多日本企业很容易忽视就业规则的备案义务。如果仅仅起草了而未备案，很有可能因为违法而被处以30万日元以内的罚金刑（日本《劳动基准法》第120条第1款）。因此，如果在尽职调查中发现此问题，收购手续完成后，一定要及时听取员工代表的意见，及时向辖区的劳动基准监督署备案。

● 未签订"36协定"。

根据日本《劳动基准法》规定，劳动者法定的工作时间是每天工作8个小时、每周工作40个小时，每周必须要让员工休息1天（日本《劳动基准法》第32条、第35条）。如果需要超出法定工作时间加班的，则用人单位必须与由该事业场所过半数劳动者加入的工会或者过半数劳动者推选的员工代表签订《劳动基准法》第36条第1款规定的劳使协定，并向劳动基准监督署备案，才可以安排劳动者在平日和休息日加班。由于"36协定"的有效期通常为1年，期满需及时签订新的"36协定"。如果没有签订"36协定"，或者"36协定"期满后未续签，却让劳动者加班的，将可能被处以6个月以下的有期徒刑或30万日元以内的罚金刑（日本《劳动基准法》第119条第1款）。如果在尽职调查中发现此问题，在收购后一定要及时签订"36协定"，以免给公司的经营带来违法的风险。

（7）行政许可、行政认可、法令遵守

① 需要确认包括但不限于以下资料。

- 已取得及今后准备取得的执照、许可、认可、备案及登记等一览表。
- 已取得的上述各项许可中，本次 M&A 后，需要进行变更登记或备案等程序的一览表。
- 过去×年，受到行政部门等的指导、注意、警告、劝告及处分等情况（包括为解决问题而与行政部门往来的书面材料或邮件等）。
- 合规规则、风险管理规则和其他合规内部规则。
- 包括个人信息保护法、分包法、反垄断法、反社会势力①排除方面的应对措施在内的合规方针、计划、手册及其他有关合规管理情况的资料。
- 过去×年，内部监查方针、监查计划书、监查报告、监查改进报告和其他内部监查资料。
- 其他与行政许可、行政认可②、法令遵守相关的资料。

② 需进行分析的基本要点。

需确认目标公司与业务相关的行政许可、行政认可等是否已经全部合法取得。

---

① "反社会势力"，是指使用暴力、胁迫、欺诈等手段，追求不当经济利益的团体或个人，如犯罪组织、暴力团伙，以及为前述团体或个人提供便利的协助者等。

② "行政许可"，是指行政机关根据申请，经审查，准予申请人从事特定活动的行为，如营业许可、驾照；"行政认可"，是指行政机关对第三方的行为加以补充，以完成其法律效果的行为，如农地权利转移许可、水电煤以及公共交通票价等与民生相关的费用涨价的许可。

对于已经取得的行政许可、行政认可在后续经营中是否一直保持满足授予条件的法令遵守体制。

③ 可能存在的问题点——未完善法令遵守体制。

实务中，一些公司在事业运营中，如果需要取得一定的行政许可或行政认可时，大多数都会去申请，无许可经营的情况还是较少。只不过，拿到了行政许可、行政认可后，在后续经营中未按照法律的要求维持一个持续拥有行政许可、行政认可的管理体制的情形较多。例如，与化妆品、医药品制造行业相关的就需要遵守《确保医药品、医疗机器等的品质、有效性及安全性相关的法律》的规定，需要起草和完善社内法令遵守的体制，对管理人员进行教育培训及评估，做好业务记录，并进行管理和保存等。因此，如果尽职调查中发现该问题，在收购后就需要及时地做好各项工作，以防已取得的行政许可、行政认可等被行政部门吊销。

（8）诉讼与纠纷

① 需要确认包括但不限于以下资料。

- 正在进行中或已结束的诉讼、仲裁和其他法律程序相关的全套文件（包括律师、会计师和其他专家意见书）。
- 包括正在谈判或收到律师函件等与潜在纠纷相关的整套文件。
- 与公司业务等相关的，受到顾客等第三方投诉、索赔等的文件，以及关于这些问题的应对措施等全套记录。
- 其他司法、行政的判决、裁判、命令、和解的一览表及整套记录文件。

② 需进行分析的基本要点。

对于过去已经发生的诉讼案件，一般裁判所已经对权利义务作出了判断，因此不会存在潜在的问题。需要重点确认的是正在进行中的诉讼、强制执行案件，或商品、服务是否受到过第三方投诉、应对措施是否完善，有没有可能发生应对不及时导致将来纠纷扩大化的可能性。

此外，还可以从这些诉讼、纠纷案件中分析出目标公司是否已经做好了防止今后再次发生的对策。

③ 可能存在的问题点。

由于日本对于诉讼、纠纷等司法案件信息的调查渠道不如中国公开透明，因此尽职调查还是多依靠于目标公司的主动配合和多渠道求证。例如，找不同的管理人员、员工进行谈话，以确定是否存在诉讼、纠纷相关的情况。

（9）环境

① 需要确认包括但不限于以下资料。

- 目标公司需要遵守的与环境相关的法律法规、政令、省令、条例等内容及实际遵守情况（内部检查记录、公司内部规章等）。
- 过去×年，政府部门就环境问题，对目标公司的指导、注意、警告、劝告及处分等相关文件。
- 过去×年，有关环境问题被第三方投诉及通报的有关文件。

② 需进行分析的基本要点。

一般与环保相关的调查主要是围绕生产制造型企业，确认目标公司内部是否做好了与环保相关的社内规章制度。社内在日常经营过程中，有无针对环保相关的设施，是否对排水处理净化槽等进行定期维修和检查等。

有无土壤污染、地下水污染、石棉粉尘的危害，废弃物有无合法合规处理。

③ 可能存在的问题点。

● 土壤污染。

一般打算收购经营年数较长的制造生产型目标公司时，需要注意土壤等环境污染的问题。根据日本的《土壤污染对策法》规定，都道府县知事如果发现由于土壤被特定有害物质污染，可能会对人的健康造成危害的，可以根据法令规定，就该土地的土壤特定有害物质导致的污染情况，命令该土地的所有人委托指定的调查机构进行调查（日本《土壤污染对策法》第 5 条第 1 款）。通过调查，如果发现土壤确实受到了有害物质的污染，则将该土地确定为需要采取污染去除和防止污染扩散等措施的区域（日本《土壤污染对策法》第 6 条），并要求该区域内的土地所有权人向都道府县知事提交包括污染去除措施及理由、整改期限在内的污染去除等计划书（日本《土壤污染对策法》第 7 条第 1 款）。

严格来说，土壤污染并不能通过法务尽职调查来发现。法务尽职调查只是做初步的线索查询，通过确认目标公司过去一些会议记录等客观资料，以及向目标公司的员工进行访谈，得到一些有关土壤污染的线索。例如，向目标公司的员工打探过去工厂周边是否发生过一些动物、植物、水产批量死亡的情况，如果认为确实可疑的，再进一步实施更为专业的环境尽职调查。就日本目前的市场价格来看，根据污染的程度不同，土壤的调查及净化工作的费用一般 1 平方米为 3 万~10 万日元，而一般工厂的占地面积都不小。因此，在法务尽职调查中，如果发现有可疑情况的，还是需要引起重视。

- 废弃物处理。

制造生产型企业还需要注意废弃物的处理问题。根据《废弃物的处理及清扫相关的法律》（以下简称《废弃物处理法》）规定，"废弃物"是指拥有固态或者液态性质的垃圾、大型垃圾、燃烧渣、污泥、粪尿、废油、废酸、废碱、动物尸体及其他污物或者无用之物（放射性物质及受其污染的除外），其中燃烧渣、污泥、废油、废酸、废碱、废塑料类及其他政令规定的废弃物等属于产业垃圾（日本《废弃物处理法》第2条）。由于处理较为麻烦，并且如果违反法律规定，除了会被相关行政部门指导之外，还可能上升为刑事责任。因此，一般的企业都会与有废弃物处理资质的公司签订业务委托合同。在法务尽职调查时，就需要确认与该第三方公司所签的委托合同内容，以及双方为履行合同而签发的产业废弃物管理票。

3. 法务 DD 的极限

实务中，由于法务尽职调查需要确认的资料及信息的提供渠道有限，对于调查结果不可避免地存在一定的局限性。

（1）信息真实性、准确性的局限性

法务尽职调查需要目标公司的配合，由目标公司提供调查所需的书面材料、答复律师提出的书面问题，以及由律师向目标公司的负责人及员工口头访谈。鉴于日本官方调查渠道的有限性，律师没有办法对一些资料信息、答复意见的真实性、准确性、充分性、涵盖性进行调查和确认。

笔者之前碰到过一起 M&A 案件，收购方在并购之初看中了目标公司的主营产品及其商标，打算收购后在中国市场推广。收购后发现目标公司的商标已经在中国被人注册。经过确认，发现早在几年前，目标公司为了打开中国市场，将目标公司主营产品所使用的商标权以独家授权的形式许可给了中国某公司，并且由该中国公司申请中国国内的商标权，约定目标公司必须根据中国公司的订单，每年至少提供不少于一定数量的产品。但在尽职调查过程中，目标公司并未提供该商标授权许可使用协议，因此收购方为了顺利实施自家公司的战略发展计划，不得不和该中国公司协商解除合同。

（2）信息收集的局限性

在一起 M&A 收购案中，一般签订初步的合意书后，排他性的交涉权一般在 3 个月左右，拖得越久越可能导致收购的成本增加。对于谈判至关重要的尽职调查结果也需要尽快地作出，以便后续买卖双方可以对价格等进行多轮谈判。可以说这是一场与时间赛跑的工作，因此法务尽职调查无法进行非常详细全面的调查，只能抓大放小、有的放矢，尽量收集可能会给收购方的本次 M&A 带来重大法律影响的一些信息，并基于这些重要信息分析是否存在法律问题。

（三）第三阶段——定案

1. 谈判与签约阶段

经过前面的尽职调查阶段之后，便可以基于尽职调查的结果，正式地就收购条件进行谈判和协商了。从笔者的经验来看，这一阶段是很多并购计划流产或压价的阶段。如果通过前述的尽职调查，或多或少会发现目标公司存在很多隐藏的风险，收购后很有可能不仅达不到企业利益最大化，甚至有可能将母公司拖入"泥沼"。

不过，基于前期巨大的成本投入，一般收购方都会倾向于如何规避尽职调查中发现的风险问题。例如，如果发现有巨额债务、对外有担保的情况，可以考虑从最初计划的"股份转让"变更为"事业转让"的收购模式。如果发现有闲置资产、大量滞销的库存等，则可以将收购价格往下调整。对于尽职调查无法立刻确认的账外债务、潜藏诉讼纠纷等问题，则可以考虑在"股份转让协议中"加入"声明和保证"条款，以应对不同的潜在风险。

2. 应该签订的合同

经过谈判及协商，双方确定了收购的模式，并对收购的条件达成了一致意见后，就可以签订股份转让合同或事业转让合同。实务中，股份转让的同时有时候还可能伴随着其他一些资产的转让，如以股东名义申请的商标权、专利，或者目标公司的经营不可或缺但却是股东个人名义的不动产等。这时候除了股份转让协议之外，还需要签订商标转让合同或不动产买卖合同。

3. 股份转让合同重点条款

（1）声明与保证条款

该条款所规定的义务对双方都有一定的约束力，但主要还是约束卖方，通常卖方需要对包括但不限于以下的事项进行保证。

① 卖方合法拥有本次转让的股份，该股份未设定任何担保物权或其他限制性的权利。

② 卖方已取得股份转让所必要的司法、行政机关等的许可、认可、备案等。

③ 卖方和目标公司，保证所有向买方交付或提供的重要文书、信息具有真实性和准确性。

④ 目标公司在基本合意书的签订日至转让日为止，不存在导致目标公司的资产、财务发生重大的处分、变更行为。

⑤ 目标公司遵守所有生产经营所必须遵守的法律法规、行政法令、通达、行政指导。

⑥ 目标公司向买方交付的资产负债表及损益表等财务资料是基于会计标准制作而成，可以正确反映目标公司的财务情况和经营业绩。

⑦ 目标公司合法拥有目标公司生产经营所必需的有形资产及无形资产的所有权或使用权。

⑧ 目标公司在过去×年内，在日本国内外，均合法地申报、及时支付各种税款。

⑨ 目标公司签订的所有合同均合法有效，不存在重大合同违约的情形。

⑩ 目标公司不存在任何侵犯第三人的知识产权的情形。

⑪ 目标公司保证未违反劳动相关法律的规定，没有员工罢工、生产停止等劳资纠纷。

⑫ 在合同签订的时间点，目标公司没有起诉他人，也没有被提起诉讼、仲裁等任何司法或行政上的法律程序。

⑬ 目标公司拥有的不动产未使用石棉，在生产运营中未违反公害或环境保护相关的所有法律法规、行政规章制度。

（2）转让日之前卖家的义务

由于一些准备事项需要时间，因此，股份转让合同的签约日可能会早于股份转让日。为了可以顺利地进行股份转让，在股份转让日之前，还需要卖家履行包括但不限于以下的义务。

① 完成社内权力机构对本次股份转让所必要的决议等。

② 在转让日之前，履行善良管理人的注意义务。对于目标公司的资产等，不得进行普通业务范围外的设备投资、提供担保等处理，不得实施合并、分立等影响目标公司资本构成的行为。

③ 伴随着股份转让，原有的董监高（董事、监事和高级管理人员）等干部需要辞职的，则卖方必须取得需要离职的干部的辞职信。

④ 向员工就本次股份转让的情况进行说明，征得员工的理解，并安抚员工，努力维持人员的稳定。

（3）违约条款

该条款一般是约束双方的情况比较多。例如，当"双方当事人任何一方，因故意或过失违反本合同，或者其所做的声明和保证非真实或不正确，由此给对方当事人或目标公司造成损害时，在转让日后的×年内，应当赔偿该损失"。实务中，比较多的是当事人都倾向给违约赔偿的金额约定上限值，如"不超过本次股份转让的总价款"。

（四）第四阶段——易手

1. 交割阶段

简单讲，可以将交割当作是交接。它是指与并购相关的各种交接手续，包括支付转让价款、交付重要材料、公司高管人选变更、向政府机构提出各种登记变更申请、资产所有权人变更等。虽然笔者在此将它单独作为一个阶段来写，但实际交割的节点或许并不足以能独立为一个阶段，有时候在股份转让合同签订之前就需要为交接做各种准备工作。因此，股份转让合同中，有时也会准备一个章节约定交割的条件及交割日。并且由于股份转让通常还伴随着政府部门的登记变更、行政许可证的变更等手续，这个周期短则数月、长则一两年。因此，也有可能进入最后的接管整合阶段，仍然还在实施交割的一些事项。这一过程如何顺利过渡，也是需要双方事先在股份（事业）转让协议中做好约定。

2. 注意事项

（1）预先联系好银行和司法书士等 M&A 相关人士

一般 M&A 双方的信任基础并不是特别深厚时，可能会更倾向于钱货两清的交易方式，如将股份转让协议的签订日、转让日、交割日都定为同一天，各项手续同时进行。这个时候就需要在该日期到来之前，提前将转让款存在银行账户中，并与银行约定好在某一天根据买方的指示向某银行账户（通常是卖家的账户）汇款；而负责办理法务局役员变更申请、不动产所有权人变更手续的司法书士，也需要在转让日之前准备好所有需要双方当事人签字盖章的申请材料，在转让日当天来到签约现场，等买卖双方在股份转让合同上签字盖章完毕，立刻请买卖双方在所有变更材料上签字盖章，之后向辖区的法务局递交变更申请。这一过程可以最大限度地保证交易双方能够放心地交易，而不用担心哪一方中途违约。当然也有其他的一些如股份转让款采用分期付款的情况等，则有可能将签订日、转让日、交割日都分别约定在不同的日期。总之，根据并购双方的意向及实际情况，可以采用不同的模式。

（2）接收重要物品

重要物品一般都会根据目标公司的情况不同而有所不同，一般共通的重要物品有如下几种类型。

① 目标股份转让承认请求书、承认通知书。

② 目标公司承认股份转让为决议内容的股东会或取缔役会会议记录。

③ 证明目标股份存在的股票（收购股票发行株式会社的情形）。

④ 已记载着买方信息的目标公司的股东名册。

⑤ 董监高的离职信。

（五）第五阶段——治理

1. 接管整合阶段

接管整合是并购流程中的最后一步，包括战略整合、企业文化整合、组织机构整合、人力资源整合、管理活动整合、财务整合等。

战略整合是企业并购的根本目的之一，是衡量企业的战略政策能否实现的关键。而组织机构与制度的整合是并购后的企业能否顺利发展的基础。还有一个是被公认为最难的一道门槛——文化整合。据统计，全球有65%的失败并购案中，有很大一部分原因就是管理风格及公司的文化差异所造成的。

其他还有对当地政策、法律、经商环境的不了解等因素，都会成为企业并购之后的阶段性难题。所以，即使顺利接管目标公司后，仍应保持长期谨慎的态度，切记在每一步的整合前都要做好各种调查，以防发生意料之外的风险。

2. 注意事项

（1）拜访所有的供应商与客户等相关人员

并购后，需要及时与所有供应商、客户进行沟通。在条件允许时，对于核心的供应商及客户，最好是采取上门拜访的形式。陪同的人员可以视具体情况而定，如由一直以来作为联系窗口的员工陪同；如有原股东继续担任目标公司的代表取缔役的，则可以将拜访各个利益相关方的陪同义务约定在股份转让合同中。拜访的目的主要是将并购事宜通知给各个供应商与客户，还可在维持现有交易的基础上，传达今后的事业计划与经营目标等积极的信息，以便最大可能地保留住现有的供应及销售渠道。

（2）与管理层、员工沟通

作为公司的员工，在获知自己所在的公司将被收购后，一般会陷入一个对于今后工作环境是否稳定的不安状态。新的管理人员好不好相处？这个公司以后还有没有发展前景？自己是不是会被"炒鱿鱼"？自己是否需要做好找下家的准备？等等。因此，收购之后的第一要务便是要稳定人心。之前有一家国外投资的 IT 公司为了扩大规模，采取了横向并购的方式收购了另一家 IT 公司。其收购的最主要目的便是看中了目标公司众多的优秀技术人才，但由于目标公司短短几年内被多次转让，这些优秀的技术人才对目标公司产生了很大的不信任感。

收购方在收购之后虽采取了各种挽留措施，仍然无法阻止很多优秀人才的离职。技术人才的流失极大破坏了收购方最初的收购目的及今后的发展战略。

因此，收购后要在最短的时间内尽可能地获取所有员工的简历，了解每位员工的经历，并向管理人员了解每位员工的性格、做事风格等，尽可能与重要的员工采取一对一面谈的方式进行沟通。沟通的重点在于强调保持现有的员工管理模式、减轻员工的防备心理、安抚员工的不安情绪，并且告知企业今后的事业计划与发展战略。在获得员工理解的同时，还要让他们明白并购给他们带来的不是破坏，而是能给他们带来实实在在的好处。

第四章 日本公司的员工管理 4

一、日本的劳动法律体系

（一）日本劳动法律概要

与中国不同，日本没有单独的劳动法。但是，与劳动相关的法律却有很多，且非常零散。日本的学术界一般将这些零零散散的法律分成三个大类，分别是"调整个别劳动关系"的法律、"调整集体劳动关系"的法律及"对劳动力市场进行管制"的法律。

个别劳动关系，是指劳动者与公司一对一的关系；集体劳动关系主要是指公司与工会之间的关系；劳动力市场则是指与求职、招聘等相关的事项（见表4-1）。

表 4 - 1　　　　　　　　　日本的相关劳动法律

调整个别劳动关系的法律	调整集体劳动关系的法律	管制劳动力市场的法律
劳动基准法 劳动合同法 最低工资法 劳动安全卫生法等	劳动组合法 劳动关系调整法等	职业安定法 雇佣保险法 男女雇佣机会平等法[1] 劳动者派遣法[2] 劳动者工伤补偿保险法等

注：[1]《关于在雇佣领域确保男女平等机会及待遇等的法律》，简称《男女雇佣机会平等法》；

[2]《确保劳动者派遣事业的正确运营及完善派遣劳动者的就业条件等相关法律》，简称《劳动者派遣法》。

以上只是简单罗列，还不包括厚生劳动省发布的一些行政命令以及各地区与劳动相关的条例，实务中通常都会把这些相关法律统称为"劳动法"。

虽然每一部法律法规都有其相应的规范内容，但笔者认为比较重要的是《劳动基准法》《劳动合同法》《劳动组合法》。

《劳动基准法》颁布时间非常早，它是在 1947 年从日本《宪法》规定的公民的"生存权"衍生而来，其目的是保护劳动者的健康等。也正因为如此，这部法律对劳动时间、工资、休息日、工伤等做了最低限度的劳动条件标准的规定。用人单位在与劳动者签订劳动合同时，须严格遵照执行。

《劳动合同法》于 2007 年颁布，其目的主要是保护劳动者的权益，预防用人单位与劳动者产生劳动纠纷。因此对劳动合同的一些基本事项做了原则性的规定，如就业规则的变更程序、劳动合同的成立和变更的条件，以及换岗、转籍、惩戒、解雇等。

各个法律当中，笔者认为最需要注意的就是《劳动组合法》，劳动组合相当于中国国内的工会。工会的一些权利是《宪法》赋予的，只要是为劳动者维权的手段和方式，在法律允许的范围内，即使导致公司停工停业、商誉受损，也不用承担任何民事、刑事及行政责任。

（二）日本劳动法的特点

1. 重视劳动条件

根据《劳动基准法》第 15 条规定，用人单位在雇用劳动者的时候，必须向劳动者明示劳动条件。明示的劳动条件又分为绝对通知事项和相对通知事项。

（1）绝对通知事项

① 与劳动合同期限相关事项。

② 与有固定期限劳动合同续签标准相关的事项（仅限有固定期限的劳动合同且在该劳动合同期满后可能更新该劳动合同的情形）。

③ 与事业场所及业务内容相关的事项。

④ 上、下班时间，加班，休息时间，休息日，假期及与轮换班相关的事项。

⑤ 工资（离职津贴及临时工资除外）计算及支付方法、工资的计算截止日期、支付时间，以及与涨薪相关的事项。

⑥ 与离职相关的事项（包括解雇的事由）。

除上述绝对通知事项外，根据《关于改善短时间劳动者及有期限雇用劳动者雇用管理等的法律实施规则》第 2 条第 1款规定，对于小时工、临时工还须告知以下事项。

① 有无加薪。

② 有无退休津贴。

③ 有无奖金。

④ 与改善短时间有期限雇佣劳动者的雇佣管理等相关事项的咨询窗口。

（2）相对通知事项

相对通知事项，是指如果公司有此规定的，必须明确通知劳动者；如果没有与之相关的规定，则无须通知。具体有如下一些内容。

① 关于适用离职津贴的劳动者范围及离职津贴的确定、计算、支付方法和支付时间等相关的事项。

② 临时支付的工资（离职津贴除外）、奖金、《劳动基准法实施条例》第 8 条所列的各项工资（如全勤津贴）及最低工资相关的事项。

③ 需要劳动者承担的伙食费、工作用品及其他相关事项。

④ 安全卫生相关的事项。

⑤ 职业培训相关的事项。

⑥ 工伤补偿及非因工受伤的伤病抚恤相关的事项。

⑦ 表彰及惩处相关的事项。

⑧ 与停职相关的事项。

根据法律和行政法令规定，对于绝对通知事项，明示的方式必须以书面形式进行。但如果劳动者要求，也可以通过传真、电子邮件、聊天软件等方式明示。对于其他的劳动条件，口头的传达并不是不可以，但考虑万一今后发生纠纷时需要公司方面提供证据，因此实务中的一般做法是将这些需要明示的事项做成一份《劳动条件通知书》，再通过交付、邮寄、网络发送等方式交给劳动者。

2. 部分用工成本可转嫁给国家

中国的法律规定，劳动者患病或者非因工负伤停止劳动，且在国家规定医疗期内的，用人单位应当向劳动者支付不低于当地最低工资标准的80%的病假工资或者疾病救济费。

而日本对劳动用工的态度是：公司出钱购买员工的劳动力，因此劳动的对价是工资，如果没有劳动，就不用支付工资。除非公司和工会或员工代表签订了关于病休等停止劳动期间工资待遇等相关的劳使协定，在这种协定里可以自由约定在病假或育儿休假期间，给予多少基本工资补助。但签订劳使协定并非法律强行赋予公司的义务，因此在员工病休或育儿期给不给工资，企业可基于自身的情况来判断。

如果员工生病、受伤无法工作，公司又不给工资，或只给少量工资的情况下怎么办呢？这时候用工的成本就可以转嫁给国家或一些机构。也就是说各种保险可以派上用场了，以下是一些常见保险的种类和受理机构（见表4-2）。

表4-2 　　　　　常见保险种类和受理机构

休假原因	保险种类	津贴类型	向哪里申请
非工作原因的伤病	健康保险	伤病津贴	健康保险协会、健康保险组合等
工伤	工伤保险	休业补偿给付	公司所在地的管辖劳动基准监督署

续表

休假原因	保险种类	津贴类型	向哪里申请
产休	健康保险	生产津贴	健康保险组合、全国健康协会、共济组合等
家族护理假（护理）	雇佣保险	护理休业给付金	公共职业安定所
育儿假	雇佣保险	育儿休业给付金	

3. 劳动纠纷会上升为刑事案件

中国的公司如果与员工发生和劳动相关的纠纷，很少会上升到刑事责任。只有对劳动安全设备等有重大隐患却不采取整改措施，致使发生重大事故，造成劳动者发生重大伤亡时，才有可能涉及刑事责任。

但是日本不一样，我们常常会觉得日本国民素质高、犯罪率少等。实际上，他们的这种高素质和他们的严刑峻法分不开。很小的一点儿事情，在我们看来是治安处罚就可以解决的事情，在日本是会被正式判刑，如随地大小便、随地吐痰等，就是属于《轻犯罪法》中规定的刑事案件，更别提打架斗殴这种事了。日本的《刑法》规定，对他人实施暴行，但未造成伤害的，处 2 年以下有期徒刑或 30 万日元以内的罚金刑、拘留或罚款，这就是有名的暴行罪。

在劳动法领域，也有很多和刑事罪名相关的规定。例如，日本的《劳动基准法》规定了与劳动条件相关的最低标准，除了规定罚责的条款，在 130 多项条款中，违反其中 62 项条款，均会被处以刑事处罚。又如《劳动组合法》也规定了触犯其中 13 种情形时，将会被处以刑事处罚。另外，还有违反《劳动安全卫生法》《最低工资法》等法律时的刑事责任。下面就列一些比较典型的、按照中国人的思维方式很容易轻视、但在日本社会看来又属于比较严重的情况。

（1）与员工的劳动条件、身体健康相关的刑事惩罚

① 超时加班的惩罚。日本《劳动基准法》第 32 条规定，除休息时间外，用人单位一周不得让劳动者的劳动时间超过 40 个小时。虽然可以通过与工会或者公司内的员工代表签订劳使协定，约定可以超出法定的工作时间进行加班，但也并不代表可以无限度地让员工加班，除了一些临时性的情况外，加班时间的上限为 1 个月不超 45 个小时，1 年不超过 360 个小时。

无"36 协定"或超出"36 协定"约定的加班时间时，将被处以 6 个月以内的有期徒刑或 30 万日元以内的罚金刑。

② 不给法定休息时间、休息日的惩罚。为了保证劳动者长时间劳动时的身体健康，日本《劳动基准法》第 34 条规定，用人单位在劳动者连续工作时间超过 6 个小时的时候，必须强制其休息 45 分钟；连续工作超过 8 个小时，必须强制其休息 1 个小时，并且每周必须要保证劳动者有 1 天的休息日。除特殊情况外，违反该规定的，将被处以 6 个月以内的有期徒刑或 30 万日元以内的罚金刑。因此，即使劳动者提出不想休息，连续工作以求早点下班，公司也不能同意。因为这是法律强制性规定，不因双方协商一致而改变。

③ 不允许带薪休假的惩罚。日本《劳动基准法》第 39 条规定，用人单位对从雇佣之日起连续工作 6 个月，并且在全部工作日中出勤率达到 80% 以上的劳动者，应当连续或者分期给予 10 个工作日的带薪休假，在此基础上，逐年递增（见表 4 -3）。

表 4 - 3　　　　　　　　　带薪休假规定

工作年限	年休天数（天）
6 个月	10
1 年 6 个月	11
2 年 6 个月	12
3 年 6 个月	14
4 年 6 个月	16
5 年 6 个月	18
6 年 6 个月	20

如未给予这些天数的年休假，用人单位将被处以 6 个月以下有期徒刑或 30 万日元以内的罚金刑。

此外，对于带薪休假天数在 10 个工作日以上的劳动者，如果从基准日起算的 1 年内，休带薪假的天数不满 5 天的，用人单位可以和劳动者商量，让其休满休假天数。如果无法取得一致意见，用人单位应当指定休息日期，强制劳动者休带薪假，此为 2019 年《劳动基准法》修正后赋予公司的义务。如果违反该义务，将被处以 30 万日元以内的罚金刑。

④ 不让产休和育儿休假的惩罚。根据日本《劳动基准法》等相关规定，怀孕员工在生产日后的 6 周内，不论员工意愿如何，均不得让其工作。对于单胎的孕妇在生产前 6 周（多胎 14 周）请求休假的，公司不得拒绝；并且在怀孕后至产后 1 年，如果孕产妇向公司提出请求时，不论公司是否实行弹性工作制，还是有无 "36 协定"，都不可以安排其在 1 天 8 个小时、1 周 40 个小时之外的时间加班，也不可以安排其在休息天和深夜工作（管理岗位有例外）。

并且，对于需要照顾未满 1 岁小孩的女性员工，除了正常的休息时间外，还可以给予每天两次至少 30 分钟的育儿时间。如果该员工向用人单位请求给予育儿时间时，用人单位不得拒绝。

以上除了产后 6 周内不得工作外，其他情形如果员工未主动请求的，用人单位可以让其工作；如果员工提出了请求，公司却拒绝的，用人单位将被处以 6 个月以下有期徒刑或 30 万日元以内的罚金刑。

（2）与员工的薪资相关的刑事惩罚

① 不支付加班费、休息日及深夜倍率工资的惩罚。虽然日本有很多公司存在"免费加班"的现象，但实际上对于公司未支付应当支付的加班工资时，除了应当承担民事责任外，日本《劳动基准法》第 37 条规定，用人者让员工在法定工作时间以外、休息天、深夜工作时，必须要支付加班费和倍率工资。如果不支付时，将被处以 6 个月以下的有期徒刑或 30 万日元以内的罚金刑。

② 工资低于地区最低工资标准的惩罚。根据日本《最低工资法》第 4 条规定，对适用最低工资的劳动者，用人单位必须向其支付最低工资额以上的工资。即使用人单位与劳动者在劳动合同中约定了低于最低工资额的工资，该约定也属于无效约定。除无效部分要按照最低工资的法律规定履行外，且用人单位将会被处以 50 万日元以内的罚金刑。

（3）与公司劳动管理相关的刑事惩罚

① 违反劳动条件明示义务的惩罚。前面提到，用人单位在录用员工时，应当向劳动者明示工资、劳动时间及其他劳动条件，这是一项法定的义务；如果违反了，将被处以 30 万日元以内的罚金刑。

② 违反制定就业规则义务的惩罚。经常雇用 10 名以上劳动者的用人单位，必须制定就业规则，并向劳动基准监督署备案；且制定就业规则后，要将与就业规则相关的决议公示在各事业场所的明显之处，或以书面形式交付劳动者，或常置于员工可随时查阅的地方，以使每个劳动者都能知悉。违反者将被处以 30 万日元以内的罚金刑。

③ 未支付预告金而解除劳动合同的惩罚。根据日本《劳动基准法》第 20 条规定，原则上，用人单位要解雇劳动者时，至少要提前 30 天发出通知。未提前 30 天通知的，必须支付 30 天以上的平均工资。一些老板很容易就说出"明天不要来上班了"类似的话，这种话要放在日本很容易发酵成严重的后果，除了有可能会涉及解雇无效等问题外，法律还规定，违反该条款的，将被处以 6 个月以下的有期徒刑或 30 万日元以内的罚金刑。

④ 在劳动合同中约定违约金或赔偿金的惩罚。在劳动合同中约定违约金或赔偿金的情况并不常见，但不能说绝对没有。日本《劳动基准法》第 16 条规定，用人单位不得就劳动者不履行劳动合同的约定而预先设定违约金或损害赔偿额。否则将被处以 6 个月以下的有期徒刑或 30 万日元以内的罚金刑。

这样好像对公司方面非常不公平，如为了培训员工支付了很多费用，结果员工未到服务年限届满便离职；又或者员工因为工作的失误，导致公司发生巨额的损失等。发生这些情况时，公司到底能不能向员工请求赔偿呢？既然是一份合同，如果一方违约，或者履行合同有瑕疵，给另一方造成了损害，自然是可以要求违约方赔偿损失。但由于公司毕竟是处于较强势的地位，且通过购买劳动者的劳动力获取了利益，因此《劳动基准法》设置了一定的限制。

假如劳动者在其工作的过程中，让公司蒙受了直接损失，需要劳动者承担损害赔偿责任时，可以根据该业务的性质、规模、设施状况及劳动者的工作内容、劳动条件、工作态度、加害行为的情况，以及公司对加害行为应当承担多少责任等情况综合考虑，做到损害的公平分担。

（三）公司管理的基础——规章制度

1. 就业规则

（1）什么是就业规则

就业规则，就是中国所说的"员工手册"，它规定了包括奖惩措施在内的员工工资、工作时间、事业场所等内容。如果说，公司章程的作用是规定了公司组织和活动的基本准则，而就业规则则是公司如何管理员工的一个基本制度。如果没有就业规则，或者就业规则不完善，在发生劳动纠纷的时候就很难对员工采取一定的处理措施。

（2）起草的义务

根据《劳动基准法》规定，经常使用 10 名以上劳动者的用人单位，应当制定就业规则，并向辖区的劳动基准监督署提交备案。

《劳动基准法》第 90 条的起草程序中规定，就业规则的制定必须听取该事业场所的过半数劳动者的意见。此处的"劳动者"并不局限于正社员，还包括契约员工、临时工、小时工等不同的工种。

如果公司既有正社员又有临时工，并且对员工按照工种不同实施不同的劳动管理制度时，则可以根据工种的不同，起草专门适用于"正社员"的就业规则，同时再另行起草一部适用于"临时工"的就业规则。如果公司在各个事业场所实施不同的劳动管理制度，如针对餐饮公司，当不同的店铺实施不同的上班时间、工资等劳动条件时，还需要按照各个事业场所的不同，制定适用于该事业场所的就业规则。

（3）就业规则的内容

就业规则的内容，其实其中有很多内容是与明示劳动条件的内容有重复，也分为绝对记载事项、相对记载事项和任意记载事项。此外，如果公司内部的管理制度较为明确且详细，则原本应当记在就业规则中的内容，也可以做成独立的规章制度，如《正社员就业规则》《临时工及有期限员工就业规则》《退休后再雇佣规则》《工资规则》等。

（4）就业规则起草和修改程序

① 听取劳动者的意见并向行政部门备案。根据日本《劳动基准法》第 90 条第 1 款规定，用人单位制定或变更就业规则时，如该事业场所有劳动工会时，则应当听取该工会的意见；如果无劳动工会，则应当听取由该事业场所中过半数劳动者推选的员工代表的意见。就业规则起草后，还应当向劳动基准监督署提交备案。

② 履行"周知"义务。根据《劳动基准法》第 106 条规定，用人单位制定就业规则后，必须向劳动者进行告知。告知的方式可以是在各事业场所显眼之处张贴就业规则，也可以以书面形式交付给每个劳动者。

（5）不利益变更导致就业规则无效的判断标准

根据日本《劳动合同法》第 10 条规定，用人单位要变更劳动条件时，需要修改就业规则，且要将变更后的就业规则公之于众。就业规则的变更，只有综合考虑劳动者受到的不利程度、变更劳动条件的必要性、就业规则修改后其内容具有相当性、与工会等交涉情况，以及其他与就业规则变更相关的事情后，最终认为就业规则的修改是合理的，劳动条件方得以按变更后的就业规则为准。

事实上，就业规则的内容是否合理、修改是否有效，最终需要交由裁判所来判断。

（6）就业规则在劳动管理体系中的效力优先等级

公司制定了就业规则后，并不意味着今后在员工管理上就可以完全按照就业规则来实施，说到底，它也仅仅是劳动管理相关制度的组成部分之一。除了上述提到的效力问题外，还有一个地位的问题。

首先，就业规则的内容肯定是不能与法律法规相抵触的，这点相信都比较好理解，毕竟法律法规的内容大多数具有强制性。实务中碰到一些员工在入职的时候出于一些私人的目的，如为了降低年金缴纳额等，主动要求公司对其适用低于法律规定的最低劳动条件，这时候公司不要有"哎，省钱了！"这种庆幸的心理。因为员工一旦入职后，不论其入职的目的是什么，在法律上他就是公司的员工，受到各种法律法规的调整。此外，日本《劳动基准法》第26条规定，因用人单位的原因而停业的，用人单位应当在停业期间向劳动者支付平均工资60%以上的津贴。虽然说法律是这么规定的，但法律也只是规定一个最低限度——不得低于60%。因此，就业规则或劳动合同对休业津贴的规定只能在60%~100%做一个选择。需要注意的是，就业规则或劳动合同均没有规定休业津贴支付多少时，并不能想当然地按照《劳动基准法》的规定支付平均工资的60%，而是必须支付100%。这是因为该法律的规定仅仅是赋予公司一个机会，而公司想要利用这个机会，就必须落实到公司实际使用的规章制度中。

其次，就业规则的内容也无法与劳动协约相抵触。劳动协约，是指劳动者通过自主建立的工会，就其劳动条件与用人单位进行协商、签订的限制用人单位与劳动者关系的协议。由于就业规则是适用于所有员工，而劳动协约是针对某一劳动条件工会与公司经过协商后确定的内容，因此"特别"劳动协约肯定是优于"一般"的就业规则。对此，《劳动基准法》第92条明确规定，就业规则不得违背法律或适用于该事业场所的劳动协约。如有违背，行政机关可以责令用人单位修改与法令或者劳动协约相抵触的就业规则。

法律法规、劳动协约、劳动合同及就业规则的效力等级详见图4-1。

**图4-1　法律法规、劳动协约、劳动合同
及就业规则的效力等级**

日本《劳动合同法》第12条明确规定，劳动合同达不到就业规则规定的劳动条件时，该部分无效。此时，无效的部分按照就业规则规定的标准履行。可以看出，法律赋予了就业规则具有"最低标准"的效力，如果劳动合同约定的劳动条件

优于就业规则，那么它的效力当然高于就业规则，因此学说上，也有将就业规则的地位置于劳动合同之上的分类。下面以交通费为例来进行说明。

假设就业规则里面约定员工的交通补贴是每月全额实报实销，但是工会和公司签订的劳动协约里面约定交通补贴每月上限是 2 万日元，这时候劳动协约优先，最终适用的是上限 2 万日元的标准。

假设就业规则里规定交通费每月全额实报实销，但员工与公司签的劳动合同里约定交通费每月上限 1 万日元，此时按照就业规则"最低标准"的效力，劳动合同约定的每月上限 1 万日元无效，公司必须按照就业规则规定的交通费标准全额实报实销（见图 4 - 2）。

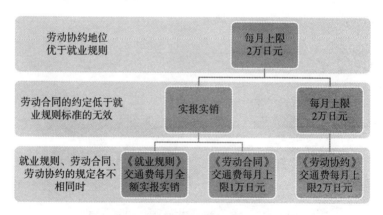

图 4 - 2　效力等级适用举例

2. 劳使协定（"36 协定"）

（1）什么是劳使协定

劳使协定，是指用人单位就某一些法定的事项，为了解除法律的限制，与该事业场所由过半数劳动者组建的劳动工会（无过半数劳动者组建的劳动工会时，则和由该事业场所中过半数劳动者推选的员工代表）签订的协议。

劳使协定与劳动协约看似较为相似，实际上签订的主体有所不同。劳使协定的签订主体是员工和公司，原则上其效力适用于该事业场所的所有员工；而劳动协约的签订主体是工会和公司，原则上其效力只能约束工会成员和公司。就可协商的事项范围而言，劳动协约可以就劳资关系的基本事项、包括工资等在内的工作条件、团体谈判、投诉处理、争议行为处理规则等各方面进行协商。但劳使协定可协定的事项只有《劳动基准法》规定的几个种类，如工资扣除协定、变形劳动时间制、弹性工作制等，其中最有名的也是最重要的是时间外／休息日劳动协定，俗称"36 协定"。

（2）什么是"36 协定"

对于劳动者的工作时间，一般有两种规定。一种是"法定工作时间"，指的是《劳动基准法》第 32 条的规定，即用人单位不得让员工每周工作超过 40 个小时、每天工作超过 8 个小时。这属于法律对工作时间上限的强制性规定，用人单位如果让员工工作超过此"法定工作时间"时，将被处以 6 个月以下的有期徒刑或 30 万日元以内的罚金刑（日本《劳动基准法》第 119 条第 1 款）。

还有一种是"规定工作时间"，这是用人单位在经营自主权的范围内，在不超"法定工作时间"的"红线"之下，自由规定的工作时间。例如，可以规定员工每天工作 7 个小时、每周工作不超 35 个小时。但是一般公司都常发生需要加班的情形，如果完全按照该法律规定，则会对公司的运营带来很大的困难。于是就有了法律对于"加班"情形的网开一面。

日本对加班的态度是，首先公司必须和工会或者与该事业场所过半数劳动者推选出的员工代表签订同意超出"法定工作时间"工作的劳使协定。既然员工们都同意加班，那么公司也不会再受到《劳动基准法》第 32 条的约束，由于该劳使协定的签订是依据《劳动基准法》第 36 条，因此又被广泛地称为"36 协定"。只不过即使签订关于加班的劳使协定，也仅仅是获得了法律上的免罚效果，作为规范公司内全体人员的服务制度，还需要将"需要加班"一事落实到就业规则或劳动合同中。

（3）签订流程

"36 协定"的签订流程其实和就业规则的起草及变更流程没有很大的差别。

① 与工会或员工代表签订。如果该事业场所只有一个工会，且该事业场所 1/2 以上的劳动者都加入了该工会，则只需和工会签订"36 协定"即可。实务中也可能存在公司内部有多个工会的情形，如假设一个工会是由该事业场所的 2/3 劳动者组成，另一个工会则由剩下 1/3 的劳动者组成。这时只需要和拥有 2/3 劳动者的大工会签订即可，"36 协定"的效力将自然波及其他 1/3 劳动者组成的工会。

至于一些公司内部未组建工会的中小型企业，这时候则需要和由"过半数的劳动者"经过民主程序推选出的员工代表签订"36 协定"。需要注意的是，根据《劳动基准法》规定，不论工作种类是什么，只要在该事业场所工作并领取报酬的人均是"劳动者"。因此，"36 协定"所称的"过半数的劳动者"的涵盖范围非常广，包括领取管理岗位津贴或职务津贴的管理监督人员（如取缔役、监查役、部长等）、正规雇用的员工、非正规的临时工和小时工等。另外，即使因为病休、出差、休职等，在该"36 协定"签订当天未出勤，或者该"36 协定"有效期内也不出勤的人，只要该员工仍然在该事业场所在籍，也属于包括在"过半数的劳动者"的一员。

当然，由于要考虑员工代表的民主性且不可以反映公司的意志，因此在公司内处于管理或监督地位的人虽然可以作为投票者参与推选程序，但不可以被选为员工代表。

② 向劳动基准监督署备案。同一家公司有多个事业场所，且两个以上事业场所都位于同一个劳动基准监督署的管辖范围内时，对于"36 协定"可以一并向劳动基准监督署备案。但是，需要明确各事业场所的备案内容，即使内容是相同的，也要写清楚"相同"的理由，并进行备案。

③ 要让员工周知。如同就业规则的周知义务一样，"36 协定"签订后也需要让员工知道，否则无法得到免罚的结果。因此，需要将签订后的"36 协定"放置在劳动者想要查阅时便随时可以查阅到的地方。虽说《劳动基准法》规定，"36 协定"生效要件只需向劳动基准监督署"备案"就可以生效，也就是说"周知"的履行并非法定的生效要件，但事实上如果"36 协定"未履行周知程序，将会面临辖区的劳动基准监督署的行政指导，严重的还将面临 30 万日元以内的罚金刑（《劳动基准法》第 106 条）。

（4）"36 协定"的填写要点

"36 协定"实际上是一个表格，在签订的时候，可以直接使用厚生劳动省提供的模板（由于表格过于庞杂，书中不再列示）。在填写"36 协定"的内容时，需要注意以下几个方面。

① 关于事业场所。《劳动基准法》第 36 条第 1 款规定，用人单位在该事业场所有过半数劳动者组成的工会时，则与该工会（如无工会时，则与代表过半数劳动者的人）签订书面协议，并根据厚生劳动省令的规定向行政机关提交备案，才能够在超出法律规定的劳动时间或休息日延长劳动时间，或者让员工在休息日工作。其中明确提到了"事业场所"，那么"事业场所"是以什么标准来划分的呢？

实务中，同一家公司的员工，有可能分散在不同的场所工作。例如，有些人在公司总部上班，也有些人在工厂、支店、营业所等地方上班；有些时候，在各个场所工作的员工人数并不相同，有可能一个营业所只有 1 名员工，但工厂却有 100 多名员工，因此这时候就面临如何签订"36 协定"的问题。在厚生劳动省劳动基准局长向下级部门发布的通知中，对"事业场所"的划分做了较为明确的规定。

如果各个"事业"适用《劳动基准法》时，无论该"事业"的名称或经营主体等如何，都应根据相关且一体化的劳动形态来决定。

"事业"是指像工厂、矿山、事务所、店铺等，在一定场所、在相关组织的基础上作为企业持续进行作业的一体，并不一定是指综合了所谓经营上一体化的分店、工厂等的全部事业。因此，是否为一个"事业"，主要由场所来决定。对于同一个场所，原则上应当作为一个"事业"，不进行分割；场所分散的，原则上应作为另一个"事业"。

但是，即使在同一个场所，如果存在劳动形态明显不同的部门，在该部门与主要部门的关联性中可以明确区分从业劳动者、劳务管理等，并且与主要部门分开反而可以更好地运用《劳动基准法》时，则将该部门视为一个独立的"事业"，如工厂内的诊所、食堂等就属于这一类。

反之，即使是场所分散，如出张所①、分所等，考虑规模显著偏小、组织关联乃至事务能力等达不到作为一个"事业"的独立性的程度，则与关联性最近的上级机构一起作为一个"事业"来对待，如报社的通信部就属于这一类。

综上所述，如果公司有多家工厂、店铺、营业所等，则需要根据不同的事业场所签订多份不同的"36协定"。

②有效期。根据《劳动基准法施行条例》规定，"36协定"必须规定有效期。虽说法律没有对有效期做限制，但根据厚生劳动省的相关行政解释，对一整年的延长劳动时间作出规定时，协定的有效期最短必须满1年。但如果只对3个月内的延长劳动时间作了规定，则有效期不满1年也可以。考虑"36协定"需要定期进行一次重新审视，因此建议有效期定为1年。实务中大多数企业在签订"36协定"时，都遵照厚生劳动省劳动基准局的建议执行。

此外，实务中可能会发生劳动者或用人单位单方面通知要

---

① "出张所"，是指行政部门或企业等为方便交易或营业，在外部设立的办公据点。

毁约的情况，对此厚生劳动省劳动基准局认为，"36协定"是基于劳资双方协商并达成一致意见后签订的，具有契约的效力。如果想要解除该协定，原则上需要双方重新进行协商并就"36协定"的解除达成一致意见。

但是，假设签订"36协定"时，就已经约定了单方面可"解约"的事项，如"36协定"中加入"即使在有效期内，用人单位发生××事情时，工会可单方面通知解除"等内容时，则可在该事由发生时单方面解约；否则，任何无依据的毁约行为都不影响"36协定"的效力。

③ 加班事由。根据劳动厚生省的建议，要让员工加班必须要有较为明确具体的事由，如加班的原因是需要处理产品的瑕疵、收到了临时的订单、交货期提前等。

一般来说，如果每年业务量、工作量都比较平均，则签订普通的"36协定"即可。但有一些行业因为情况特殊，有淡季或旺季之分，如果忙起来很有可能有一些月份会超出法律规定的加班时间上限，这时候可以视情况签订附有特别事项的"36协定"。但需要注意，"特别事项"只能是临时性的事项，不能是一般性的、经常性的事项。

临时性事项，是指临时或突发的、需要员工进行加班的事项，整体而言不会超过半年，如果没有明确具体的事由，在记载时仅仅写为"因工作需要"或者"当有不得不做的工作"时，则很有可能会导致经常性的长时间加班。因此，一定要限制在"临时性事项"的范围内。

④ 业务种类。劳资双方在"36协定"中约定需要延长工作时间的业务种类时，必须通过业务区分、细分的方式来明确

需要延长工作时间的业务范围，且需细致地商定每种业务的加班时间。因此，劳资双方在签订"36协定"时，必须根据各事业场所的实际业务情况，具体划分业务种类。

虽说劳资双方最熟悉自身的工作实际形态及实际情况，其对业务种类的划分判断应当受到尊重。但是，如果各种制造工序都进行独立的工作时间管理，工作种类却仅以"制造工作"来区分的话，则可以认为细分化程度不够，如同样是制造相关的工作，就可以进一步细分成设计、检查、组装等。

⑤ 加班时间。签订"36协定"时，一定要在法律规定的限度内，明确地记载每日、每月、每年的预定加班时间。

日本《劳动基准法》规定，除休息时间外，劳动者每日的劳动时间不得超过8个小时、每周不得超过40个小时。想要让员工在劳动时间之外工作，则必须要签订"36协定"。但即使签订了"36协定"，也并非代表可以让劳动者无限制地加班，毕竟日本的"过劳死"问题已经成了社会问题。因此加班时间有上限，每个月不超45个小时、每年不超360个小时。此为法律给予的第一层"枷锁"。

但是，如果是有较为明显的淡旺季之分的行业，在旺季时，有可能每月加班时间无论如何都无法控制在45个小时之内，这时就必须签订附有临时性特别事项的"36协定"，暂时获得每月超出45个小时、每年超出360个小时的超限权利。

然而，即使签订了附有临时性特别事项的"36协定"，为了防止有人恶意利用"特别事项"的漏洞，因此法律又对该"超限权利"加了限制，此为第二层"枷锁"。

- 一年加班时间不超 720 个小时。
- 加班和休息日工作合计在 100 个小时以内。
- 关于加班和休息日工作，包括计算月在内的"2 个月平均""3 个月平均""4 个月平均""5 个月平均""6 个月平均"，每个月的平均值全部在 80 个小时以内。
- 每个月加班超过 45 个小时的情形，每年不可超过 6 个月。

如果违反了上述这些规定，将会被处以 6 个月以内的有期徒刑或者 30 万日元以内的罚金刑。

⑥ 选举方式。关于员工代表的产生办法、推选程序不仅需要合法，还需要具有民主性。例如，《劳动基准法施行条例》规定了投票、举手的方式，另外还可以通过协商、材料传递、网上投票等方式。公司方面虽然可以推荐候选者，但选举过程公司不得干涉，必须由员工们自由民主地选举产生。

二、中国企业家应加深对日本文化与职场的认知

中、日两国虽然常被称为一衣带水，但实际上各自都有着自己独特的文化，两国人民的国民性就更加不同了。企业走出海外，其实落脚并不困难，难的是因文化不同导致的"水土不服"。有很多刚来日本的中国企业负责人，不太了解这些细节，导致在员工管理问题上频频"翻车"。有些还被员工起诉，不得不支付巨额的赔偿，甚至有些员工因为劳资纠纷，向

税务局或出入境管理局举报税务、签证等问题。因此，劳资纠纷可大可小，如能将问题解决在萌芽之时，便可以最小的成本取得最大的效益。

（一）日本的文化特征与职场现象

在国内常常能听到夸赞日本人"细致""认真""有礼貌""亲切""勤奋"，日本人的这种性格在全世界也颇有名声，很多日本人也以此为傲。另外，日本是一个集体主义的社会。在农业社会时代，很多农业生产如插秧、割稻、修理房屋等，都由各个村民互帮互助，因此当有人破坏了村里的秩序或规矩，则会被在这个区域内居住的村民集体排挤、绝交。这就是有名的"村八分"，也是古代日本村庄中的一种刑罚。日本也是一个纵向型社会，非常重视地位或职位的上下关系。例如，日语分为敬语、标准语、侮蔑语。敬语中还分为了尊敬语、自谦语、郑重语。对地位高者或上级如果不使用敬语，则会显得不尊重对方，没有礼貌。这种社会结构所形成的阶级固化的思维方式，至今仍然存在于日本社会的方方面面，如学校、职场，甚至体现在犯罪刑罚上。日本的民众普遍认为，对于犯了罪的人，刑罚并不可怕，可怕的是今后回归社会后，社会对他的制裁。这种思考习惯伴随着教育，形成了一个社会整体的价值观。因此日本人在生活中不得不小心翼翼地压抑着自己，配合着他人的行动，大家都不愿意成为扰乱秩序、和别人不一样的人。很典型的一个特点就是，来到日本后会发现在日本几乎所有餐饮店的菜单上的菜品都差不多，味道也差不多；在职场上大家的服装款式、颜色也相当雷同，几乎不会出现奇装异服。但人都是有七情六欲、喜怒哀乐的，如果缺乏发泄的渠道，就容易压抑，心理脆弱。而由于上下级的服从关系，有一些位于上级领导层的人，会将自己的负面情绪理所当然地发泄到下级身上，下级也无法反抗，日积月累容易导致员工产生严重的心理问题。员工因心理疾病必须要休业的情况也使公司在劳动管理上非常头疼，有关此类的劳务纠纷也层出不穷。

自从日本把"骚扰"作为职场问题以来，它就成了众人所研究的对象，按照不同的骚扰行为类型赋予其不同的定义，现在已经衍生出 50 多种以上，甚至还在根据新生事物的发展而增加。例如，自从新冠疫情暴发以来，就有了强行要求接种新冠疫苗的"疫苗骚扰"，以疫情等社会问题为借口，将某人视为"霉菌"，做出歧视、排异、口出恶言等"新冠骚扰"，但不管如何，其中最频发、最普遍的便是职场上发生的职权骚扰和性骚扰。

1. 职权骚扰

日本的霸凌或者说骚扰现象可谓是年深月久。经常看日剧的人会发现，除了职场之外，校园霸凌等也普遍存在。近些年因为霸凌现象，导致很多人产生抑郁等心理问题，严重点的甚至有自杀倾向等，因此社会对此现象越发重视。

2019 年，日本对《关于全面推进劳动措施、稳定劳动者的雇佣和充实职业生活等相关的法律》进行了修改，新增了与职权骚扰相关的内容。因此，该法也可以称为《职权骚扰防止法》，其主要目的就是为了防止职场上的骚扰和欺凌现象。根据该法律规定，从 2021 年 6 月 1 日开始，构建职场中的职权骚扰对策将成为大企业的法定义务。从 2022 年 4 月 1

日开始，中小企业也开始承担该项法定义务。

根据该法第 30 条第 2 款规定，在职场中，如果言行举止满足以下三项情形的，就属于职权骚扰。

（1）基于优越性为背景的行为

指上级领导对下属、老员工对新员工、公司内拉帮结派组团对某一人或多人实施的一种让对方极有可能难以拒绝或难以抵抗的行为。

（2）该行为超出合理的工作范畴

超出合理的工作范畴，是指根据一般的社会常识，该行为严重偏离业务目的，不适合用来作为完成工作的手段，超出工作的必要性。例如，为了指导新人的工作，明明只需要正常指出错误即可，却采用很过激的手段，如说一些和工作毫无关系的话。

（3）损害工作环境

指劳动者因为该言行承受了身体上和精神上的痛苦，公司的整体职场环境给其带来了不愉快的体验，严重限制其正常工作能力的发挥，对其工作产生了不可忽视的恶劣影响。

当然，也并非符合上述三要件的行为就一律会被判断为职权骚扰，还是需要对该言行的目的、发生的缘由和状况、频率和持续性、承受该言行的劳动者的工作情况和身心健康状况等进行综合性的判断。根据厚生劳动省的指导方针等文件，职权骚扰主要分为以下六大类型。

① 身体上的攻击。这是属于比较严重的职权骚扰行为。这种暴力性的行为直接对劳动者的身体带来一定的伤害，如拳打脚踢或者随手拿起办公桌上的文件、物品砸向员工等。实际上这些行为不仅属于职权骚扰，甚至会构成日本《刑法》中

的伤害罪或暴行罪的定罪要件。

② 精神上的攻击。精神上的攻击是指类似于人格否定的侮辱性的言论。此外，还有当着其他员工的面辱骂员工、长时间反复地对其进行斥责、散布关于其个人的谣言等，也是属于精神攻击的一种。

③ 排挤打压。这是指在职场上拉帮结派，集体排挤、孤立某位员工的情形。例如，给全体员工发福利，偏偏不给某个员工发；或者在所有员工面前大肆宣扬某员工的坏话，破坏大家对某员工的印象；等等。

④ 过多要求。这是指给员工下一些很离谱的工作指令。例如，员工从来没有做过 PPT，却要求其在一天之内做出一份完整的演讲 PPT；或者一般人需要一周才能写好的程序，要求某员工一天之内必须写完；又或者指示员工做一些与本职工作无关的工作，如让业绩不达标的员工去街头自扇耳光、大喊自我贬低的话；等等。

⑤ 过少要求。过少要求则是与上述情况相反，如不给员工指派工作，让其无事可干；或者把会计专职岗位的人调去做仓库专职岗；等等。

⑥ 过度侵犯私生活领域。日本是一个比较注重个人隐私的国家，并且公司购买的是员工的劳动力，员工的私生活只要不影响公司的形象等，一般来说都不允许被侵犯，因此将员工的一些个人隐私如性取向、难言之隐等未经允许在职场散播等都是属于不被认可的行为。

实务中由于日本对于员工的解雇条件规定得比较苛刻，于是有一些公司为了逼迫员工主动离职，就会倾向采用上述这些办法，但是如果没有掌握好度，可能一不小心就会变成比较恶劣的职权骚扰行为，届时员工不仅没有主动辞职，反而因此有了抑郁等心理问题，从而会追究公司未做到构建和谐职场环境的责任。

2. 性骚扰

性骚扰，是指在职场上被骚扰的人受到来自异性或同性的与性相关的言语或动作，从而感到心理不适、不愉快、精神痛苦，对骚扰人产生厌恶感。

与性相关的言语，是指打探被骚扰人的性关系、性体验，散布与性相关的信息（谣言），开黄色玩笑，调戏被拒后仍然执着地邀请被骚扰人一起吃饭、约会、谈论自己的性体验等。

与性相关的动作，是指强迫发生性关系、不必要的身体接触、散发和张贴淫秽图片、强制猥亵等行为。

在厚生劳动省公布的《因性骚扰行为引发的精神障碍属于工伤》中规定，性骚扰情形符合以下三个要件时，可以认定为工伤。

① 被害人罹患了《国际疾病分类》（第 10 版）第 5 章"精神及行动障碍"中的精神疾病，如抑郁、急性精神病。

② 在发病前的 6 个月内，存在因工作导致的很强的心理负担。

③ 工作外的原因或个人的私人原因不足以引起精神障碍发病。

当然，心理负担的强弱实际上是比较主观的一个判断，它会因每个人的心理承受能力的不同而不同，因此需要根据具体的实际情况作综合性的判断，不过厚生劳动省对此有具体规定，包括以下几种情况，如表 4 - 4 所示。

表 4 – 4 性骚扰的判定

强	• 强奸 • 违反本人意志的猥亵行为 • 多次触碰胸部、腰等身体部位，或虽无多发性，但向公司反映后未得到及时处理 • 持续进行无身体接触但存在包含人格否定在内的与性相关的言论，且在多发性的情况下向公司反映未得到及时处理
中等	• 虽存在触碰胸部、腰等身体部位的行为，但无多发性，向公司反映后也在发病前得到及时处理 • 存在无身体接触的与性相关的言论只有一次，或者说过多次但公司在被害人发病前及时做了处理
弱	• 在人的名字后面加上"～ちゃん*" • 在工作场所粘贴泳装女性海报

备注：一定情况下，如果存在长时间加班，或其他非性骚扰的行为多发，中等和弱也会转化为强。

注：＊后缀词，接在人名或表示人的名词后面，在称呼关系亲密的人特别是饱含亲昵情感时使用。

实务中，基本上只要是有身体接触，被认定为性骚扰的可能性很大，而言论构成性骚扰的也有很多。例如，日本最高裁判所就曾经认定"30 岁的人，在二三十岁的人看来，已经是大妈了"这种发言就属于性骚扰。[1]

其他的还有："胸部好大""屁股好大""最近变漂亮了呢""这么烦躁啊？生理期吗？""喜欢什么类型的人？""如果世界上只剩下这两个男人，你选谁？""这件衣服很可爱/很性感/很不可爱/很不性感"等。

---

[1] 日本最高裁判所 2015 年 2 月 26 日判决，"海游馆事件"。

3. 职权骚扰和性骚扰的应对办法

根据日本《劳动施策综合推进法》及厚生劳动省的一些规定，公司方面对于防止职权骚扰有以下几点要求（鉴于性骚扰、妊娠、育儿休假等问题，公司同样也有防止其发生的义务，因此可以将此对策作为骚扰行为的综合性对策来看待）。

- 制定关于防止骚扰行为的社内规章制度。制度制定后要让所有员工周知，对员工进行关于骚扰行为的社内培训教育等。
- 设置关于骚扰行为的员工咨询及投诉窗口，完善应对体制。值得注意的是，法律目前并未规定该窗口必须设置在公司内部，也可以委托外部的机构，如顾问、律师等也可作为咨询投诉窗口。
- 收到员工的咨询或投诉后，要及时对骚扰行为采取快速且恰当的处理。一般建议在一周以内对咨询或投诉内容的真实性进行确认，如属实，则应对加害人做出如警告等处理。
- 同时采取保护隐私等的措施。切勿因为员工提出骚扰问题，而对其本人采取特殊处理，如排挤、绩效考核评价打低分等。

（二）日本公司员工解雇难度大

日本是实行"年功序列制"和"终身雇佣制"的国家。年功序列，是指日本的企业会根据员工的年龄和学历等条件，逐年加薪，终身雇佣。劳动者进入一个企业后，会对企业有很强的归属感和责任感。虽然现在有部分企业已经在慢慢转变，但其根基一时半会仍然无法撼动。如上所说，日本社会有着严重的序列观念，这种意识甚至超出了对于个人能力的判断。因此，在职务晋升时，比起能力、学历等，有时更为重视工龄。对于劳动合同的本质，中国企业通常认为是属于"用人单位支付工资，购买劳动者的能力"；而日本则认为是"用人单位支付工资，购买劳动者这个人"。这两种截然不同的态度，导致在处理员工问题时也会有非常大的区别。

就解雇而言，日本的解雇一般分为三种：普通解雇、惩戒解雇和整理解雇。员工犯了错，达到一定条件时，可以采用惩戒解雇。如果公司经营情况不好，满足法定条件时，可以采用整理解雇，也就是我们所说的裁员。而普通解雇就是除上述两种事由之外的其他情形的解雇，由于没有一些特殊的法定事由，因此比前述两种难度都要大。

虽然说现在日本的终身雇佣制基本已经名存实亡，但是裁判所在处理劳资纠纷的问题时，还是站在终身雇佣制的立场上去解决问题。这就更加使得员工难以被开除，甚至有一些在中国企业看来觉得明显是员工不胜其任的时候，也不能解雇，其原因可从后述内容中窥得一二。

1. 法律规定严禁解雇的情形

日本没有《劳动法》这一部法律，但是与劳动相关的法律却有很多，更不用说厚生劳动省发布的一些行政命令及各地区与劳动相关的条例了。而有一些法律更是明确规定了禁止解雇的情形，表4-5中就列出了一些比较常见的、用人单位以此为由对劳动者解雇是属于无效解雇的情形。

表 4 - 5　　　　　　　　日本法律规定严禁解雇的情形

法律	条款	内容	例外
《劳动合同法》	第 16 条	解雇，缺乏客观合理的理由，在社会一般观念上不被认为恰当合理的，则作为权力的滥用而无效	
	第 17 条	对有固定期限的劳动合同，用人单位除非有不得已的理由，否则在该合同期限届满前，不得解雇劳动者	
《劳动基准法》	第 3 条	用人单位不得以劳动者的国籍、信仰或者社会身份为由，对工资、工作时间或者其他工作条件，进行歧视性对待	
	第 19 条	用人单位在劳动者因工作受伤或者患病疗养休业期间及其病休后 30 天，以及妇女因产前产后休假期间及其后 30 天，不得解雇	但是，用人单位支付一次性补偿、天灾事件或因其他迫不得已的事由，导致公司无法继续运营时，不在此限
	第 20 条	用人单位想要解雇劳动者的，应当至少提前 30 天预告。未提前预告的用人单位，应当支付 30 天以上的平均工资	但是，因天灾事件等迫不得已的事由，导致公司不能继续经营，或者解雇是因为可归责于劳动者的原因时，不在此限
	第 104 条	事业单位存在违反《劳动基准法》或者依照《劳动基准法》发布命令的情况时，劳动者可以向行政机关或者劳动基准监督官申报。用人单位不得以劳动者作出前款申报为由，对其实施解雇和其他不利对待	

法律	条款	内容	例外
《劳动组合法》	第7条第1款	用人单位不得因劳动者是工会的成员、加入工会或者企图组建工会,或者行使工会的正当行为为由解雇该劳动者或对其作出其他不利的对待	
	第7条第4款	劳动者向劳动委员会提出用人单位违反本条规定的申请,或者向中央劳动委员会提出对救济命令的复审申请,或者劳动委员会对这些申请进行调查或者审问,或者建议当事人和解,或者按照劳动关系调整法调整劳动争议时,用人单位不得以劳动者出示证据或者发言为由,解雇该劳动者,或对其作出其他不利对待	
《男女雇佣机会平等法》	第9条	用人单位不得预先规定女性员工结婚、怀孕或生育为离职理由。用人单位不得以女性员工结婚为由解雇。用人单位不得以其雇用的女性员工怀孕、生育、根据《劳动基准法》申请产前产后休假或者按照产前产后规定休假,以及其他有关怀孕或生育的事由为理由,对该女性员工进行解雇和其他不利对待。对怀孕和产后未满一年的女性员工进行的解雇无效	但是,用人单位证明该解雇行为是根据其他事由而作出时,不在此限
《关于育儿休业、护理休业等进行育儿或家庭看护的劳动者的福利相关法律》	第10条	用人单位不得以劳动者提出产假申请或休产假为由,对该劳动者进行解雇或其他不利对待	
	第16条	本法第10条的规定,同样适用护理休假申请及护理休假	

续表

法律	条款	内容	例外
《劳动安全卫生法》	第97条	劳动者在用人单位存在违反本法或者依据本法作出的命令的情况时，可以将该情况向都道府县劳动局长、劳动基准监督署长或者劳动基准监督官申报，要求采取适当措施对此进行纠正。 用人单位不得以劳动者作出前款申报为由，对其进行解雇和其他不利对待	
《关于促进个别劳动关系纠纷解决法》	第4条	都道府县劳动局长对于个别劳动关系纠纷，在该个别劳动关系纠纷的当事人双方或一方针对解决问题寻求援助的情况下，可以对该个别劳动关系纠纷的当事人提出必要的建议或指导。 都道府县劳动局长认为有必要进行前款规定的建议或指导时，应广泛了解产业社会的实际情况，并听取劳动问题相关专业人士的意见。 用人单位不得以劳动者要求第一项援助为理由，对该劳动者进行解雇及其他不利对待	

2. 容易被认定为解雇有效的情形

虽然上述列举了一些法定的解雇无效的情形，但事实上在公司运营过程中，确实会碰到很多公司无法容忍的员工。因此，如果员工的一些行为过火，满足一定条件也可以解雇。日本将这种容易被认定为解雇有效的情况称为"惩戒解雇"，也就是"开除"，只不过想要开除需要达到一定的条件。

> 条件一：公司的就业规则上清楚地写明了哪些行为是属于可以"惩戒开除"的情形。
>
> 条件二：就业规则已经向所有员工公开，并处于随时可以阅览的状态。
>
> 条件三：解雇程序合法，惩处程度合适。

条件一和条件二不难理解，这指的是公司内必须要事先将可以开除员工的情形列举出来，并让员工知情，否则就没有开除的依据。难的是条件三，对解雇的程序和惩处的程度，法律并未明确规定其标准，这个分寸一般难以掌握。

日本《劳动合同法》第15条规定，在用人单位可以惩戒劳动者的情况下，应当根据该惩戒涉及劳动者行为的性质、方式及其他情况进行惩处，如缺乏客观合理的理由，在社会一般观念上不能被认为是恰当合理的，则该惩戒属于滥用权利而无效。

这是指，即使就业规则上列明了可以处罚员工的情形，但是如果处罚的手段过度，则该处罚无效。既然处罚无效，那就更不要谈解雇了，毕竟日本《劳动合同法》第16条规定，如果缺乏客观合理的理由，不认为是符合社会一般观念时，也是属于滥用权利的无效解雇。

那么劳动者做了些什么样的行为，是属于容易被解雇的情形呢？大概可以分为两大类。

（1）会使公司信誉毁损、社会地位下降的行为

首先，在社交媒体上发布对公司不利的信息，属于典型的可以惩戒处分的情形。另外，还有一些被日本社会不能容忍的隐性毁损公司信誉的行为。例如，盗窃或侵占公司的财产。某

个在公交公司工作的司机，在结算车票钱时，利用职务之便，侵占了 9000 日元，已经达到了就业规则中规定的可以惩戒解雇或停止出勤的条件。裁判所认为，像这种无人售票巴士的司机在结算过程中侵占现金的行为，其性质和形态非常恶劣，公司采取惩戒解雇措施也是迫不得已之举。[①] 其他还有在开展定期公积金集中收款业务时，贪污了从顾客处收到的定期存款的预收款 1 万日元，因此被惩戒解雇的案例。[②] 如果有侵占贪污的行为，其是否严重其实和金额大小没有特别大的关系，因为侵占、盗窃、贪污公司的财产，是属于一个人的品性问题。特别是可以接触钱款的工作岗位，发生这种情况时，将严重破坏劳资双方之间的信任。

其次，还有在职场做出猥亵之类性骚扰行为，以及与客人发生口角、产生肢体纠纷等也是属于可以惩戒解雇的情形。因为这些情况会影响职场的环境，给其他员工带来不好的影响，甚至很有可能让其他员工效仿。而且虽然发生在公司内部，如果传到客户那里，或者传到社会上，会给他人带来该公司管理混乱、不值得信赖的印象。日本的企业普遍更愿意选择稳定的、没有什么长期风险的交易对象。因此公司内部如果存在这些情况，有导致公司社会地位下降的可能性，说严重点可能会影响公司的存亡。因此，裁判所也很能理解公司对这类行为的惩戒。

但是不管如何，如果公司要惩戒，首先必须要有明确的证据，其次要掌握好一定的分寸。如果没有证据，光凭推测或捕风捉影便做出惩戒处分时，一旦员工方面提起诉讼，则惩戒处

① 日本福冈地方裁判所 1985 年 4 月 30 日判决。
② 日本东京高等裁判所 1989 年 3 月 16 日判决。

分很有可能会被认定为无效。所谓比较明确的证据是指，如被摄像头拍到了或者有两个以上的目击者等。

（2）给公司的业务带来严重影响的员工品行问题

实务中，一般比较常见的是经历造假、兼职或者非常恶劣的缺勤、迟到早退等情况。以经历造假来说，通常公司在招聘时会给出一定的招聘条件，只有达到招聘条件时，才会确定招入公司。如果伪造工作经历或资质，迷惑公司，致使公司做出错误的判断，这本身就是一个破坏双方信赖基石的行为。因此，一般立刻采取惩戒解雇比较容易获得认可。

针对兼职的情形，因为每个人的精力是有限的，时间也都是有限的，如果员工偷偷地兼职，势必会影响正常工作的进行，因此也是属于公司不能容忍的情况。

还有缺勤、迟到早退等情形，也是属于比较容易获得裁判所认可的惩戒处分情形。不过仍然需要掌握一个度，目前实务中比较认可的是 2 周左右不请假无故缺勤，或者常常迟到早退经公司多次提醒依然我行我素之类。例如，过去就曾有过员工在被开除的半年之前有 24 次迟到，合计共迟到 65.7 个小时，而且还有 14 天未请假即缺勤的情况。在经过公司数次提醒后，仍然未改，因此公司最后采取了惩戒解雇的处罚。员工虽然闹上了法庭，认为自己的迟到缺勤是因为生病、车子坏了等原因，但裁判所认为公司方面在采取最终的解雇措施之前，按照步骤采取了各种提醒，员工本人也并不介意迟到缺勤被扣工资等，仍然我行我素，毫无反省之意，因此公司的解雇并非滥用权利，属于有效的解雇。①

---

① 日本横滨地方裁判所 1982 年 2 月 25 日判决。

从上述案例中可以看出，对于惩戒解雇程度的掌握，其实是需要按照步骤来进行，需要达到一种"解雇是最终很无奈的选择，公司已经给过多次的改正机会"的这种条件。因此能否解雇成功，公司对问题员工的不良行为是否及时做出反应很关键。如果公司已经发现员工存在一些问题，但并未重视，甚至听之任之，就会给人（法官）造成一种公司其实认为这些问题并不是什么大事的印象。既然公司都未重视，员工肯定也以为自己的行为是没有问题的，现在突然采取解雇措施，就容易被认为"太过了"。因此一定要提前做好各种准备，避免拖延。

此外，还有一些同样可以反映员工品行问题的特殊情况，是我们中国企业认为可以开除但日本社会却认为公司应该容忍的情形。《中华人民共和国劳动法》第二十五条规定了用人单位可以单方面解除劳动合同的情形，其中就有"被依法追究刑事责任"这一法定事由。因为一般在中国人的观念里，一个人一旦被追究刑事责任，有很大概率说明其品行不端、不守规矩，连法律的"红线"都敢"踩"，容易给公司的员工管理造成影响。但在日本，如果员工因暴行、酒醉驾驶、无证驾驶等行为被追究刑事责任，如果没有影响公司的业务，或者没有见诸报端，未影响公司信誉时，无法直接采取惩戒解雇的措施，如日本非常有名的"东京地下铁"事件则是此类情形的典型。

2013年，东京地下铁株式会社的员工因为在地铁内对一名14岁的女孩做出猥亵行为被逮捕，后被处以20万日元的罚金刑。当时公司的就业规则中明确规定：不论是否履行工作，职员做出损害公司名誉或玷污公司职员体面的行为的，由公司社长对该职员进行惩戒。惩戒措施有惩戒解雇、即刻解雇、停职、减薪警告等 5 种。公司采取了即刻解雇的方式后，员工以解雇无效为由上诉法院。

法官认为，员工私生活上的违法行为，如果是与公司的秩序有直接关联，以及有客观证据证明会造成公司社会评价下降、信誉毁损时，则可以作为惩戒对象。但是本案的违法行为仅被处以罚金刑 20 万日元，是属于刑事处罚中量刑较低、恶性较小的行为，且未被媒体报道，公司也未因此事被社外人员投诉，公司并未遭受非常具体的恶性影响，采用即刻解雇的处罚措施有失妥当，因此解雇无效。[①]

像中国的公司在处理员工问题时，因为《中华人民共和国劳动法》有明确规定，如果员工发生刑事案件，公司要不要解雇员工的选择权在公司手上，即使公司采取开除的措施，基本上不会发生解雇无效的情况。但日本则将刑事案件分为职场内的刑事案件及与私生活相关的刑事案件。职场内的刑事案件会影响职场氛围，社会和公司对此容忍度较低。如果是私生活上发生了刑事案件，日本的主流态度认为此事与公司无关，也不影响该员工的工作能力，因此如果采取较为严格的惩戒措施会被认为不符合社会上一般观念能够允许的度。

3. 最想解雇但是最难以解雇的情况

鉴于日本的社会观念，一般以下三种情况是比较难以解雇但却是公司碰到这种员工时最想解雇的情形。

---

① 日本东京地方裁判所 2015 年 12 月 25 日判决。

① 工作能力不足。

② 协调性不足。

③ 工作态度不好。

有些员工，可能工作能力不足，难堪大任，甚至可能在自己的工作中会频繁出些小错，并给其他员工的工作带来一定的影响；也有的可能工作态度差，说话难听，偶尔还会和上司顶撞几句。这些公司最想辞退的员工类型，恨不得立刻多付一个月工资让他走人。

但是，毕竟日本是一个普遍实行终身雇佣制思想的国家，很多人都是从学校出来后，以"一张白纸"的状态进入公司。入职后也需要经过培训才会被公司安排到合适的岗位，而且大家也都将公司视为一个集体，某个人如果能力不足时，其他人应该去帮助他。因此，社会大众对员工能力不足的情况容忍度较高。

事实上，日本的《民法》对劳动合同的解约规定还是比较宽松的。对于雇佣期限超过5年或者其终期不确定的劳动合同，5年后任何一方当事人都可以随时解除合同（日本《民法》第626条第1款）。如果没有约定雇佣期间，则任何一方当事人随时可以提出解约的申请，从申请之日起2周后，劳动合同解除（日本《民法》第627条第1款）。即使在雇佣期内，如果有万不得已的特殊情况时，各方当事人可以立刻解除合同（日本《民法》第628条）。

虽然《民法》规定得比较宽松，但《劳动合同法》的第16条却对此设了限，只要解雇缺乏客观合理的理由、不符合社会一般观念的，都属于无效解雇。这条法律并未作进一步的明确规定，而是把最终解释权交给了法官。法官对劳资纠纷的案件还持有"劳动者以公司为家，如果解雇了他就失去了生活来源，所以即使工作能力不足或有其他各种情况，公司也应该采取足够的措施避免解雇，如教育、指导、转岗之类，只有穷尽一切办法之后，情况还是没有任何改善，方可解雇"的态度。

4. 正常的解雇流程

上述介绍了很多日本企业难以解雇员工的情形，但也并不是任何情况下都不能解雇。如果公司在解雇员工之前，做好了足够的铺垫及准备工作，还是有解雇成功的可能性。但是需要注意的是，即使做好了足够的铺垫和准备工作，也只是为了降低被裁判所认定为"解雇无效"的风险，并不能彻底规避该风险。因此，如果真的碰到问题员工时，建议一定要趁早与律师商谈，以确定是否可以达到解雇的条件。

（1）惩戒解雇

如前所述，惩戒解雇是指当员工发生了一些影响职场环境、毁损公司信誉的情形时，可以以此为由进行解雇。但仍然需要反复强调的是，日本法官对劳动案件的态度是："劳动者依靠工资生活，因此需要保护劳动者的要求。并且日本的雇佣前提是在长期雇佣机制的基础上，到退休为止一直在同一个公司工作，因此员工对工作抱有长期雇佣的期待。该种期待有必要在某种程度上给予保护，因此不可轻易地将员工解雇。"

基于此态度，即使员工发生了一些可能会使公司社会评价下降的行为时，公司方面马上采取惩戒解雇的处理方式，极有可能会被认定为无效。想要使惩戒解雇行为获得法官支持，需要满足以下几个要件。

① 公司的规章制度对惩戒解雇的事由有规定。关于这一点其实不难理解，想要解雇，势必需要有依据。如果公司没有制定就业规则，或者没有与奖惩相关的规章制度，那么即使员工做出了一些不利于公司的事情，也无法进行惩戒。

在公司建立完善规章制度的基础上，员工有下列情形之一的，可以予以惩戒解雇。

- 除极其轻微的情形外，在公司内做出盗窃、侵占、伤害等刑事犯罪的行为时。
- 因赌博、风纪紊乱等行为扰乱职场纪律，给其他员工带来不良影响时。
- 为满足雇佣时的录用条件，谎报重要工作经历时。
- 未正常离职就跳槽到其他公司时。
- 无正当理由无故旷工 14 天以上，且拒不回应公司要求返岗的督促时。
- 泄露了其他与工作相关的重大秘密时。
- 存在与工作相关的谋取私利或者非法收受财物和其他物品等行为时。
- 因品行不良扰乱公司内部风纪时。
- 利用职权强迫他人与之交往或强迫发生性关系时。
- 发生与上述情形相同程度的不良行为时。

② 惩罚的程度是否恰当。我们以《刑法》来举例可能会比较容易理解，同样的行为、同样的罪名，也有情节轻微严重之分，惩戒解雇也是如此。假设惩戒解雇事由是谋取私利、收

受贿赂时，金额的大小就是判定情节轻重的依据。如果只是谋取了 1000 日元的私利时，也采取惩戒解雇的方式，以一般社会大众的眼光来看，有可能就"量刑过重"。因此，还需要在公司的就业规则中事先规定惩戒的种类、程度及惩戒方式。日本的惩戒方式一般有六大类，按效力由轻至重依次为：谴责＜减薪＜停止出勤＜降职＜渝旨解雇①＜惩戒解雇。

在需要对问题员工进行惩戒处分时，首先需要听取员工本人的意见，给其一个解释的机会，并要求向公司提交反省文（日语称"始末书"）。如果员工不愿意提交反省文，则公司可以认为其毫无反省之意，就此做出惩戒处分也无可厚非。

需要注意的是，惩戒处分要避免口头处分，一定要以书面进行。这样，如果该员工反复发生被惩戒处分的行为时，据此可以进行最严重的惩戒解雇。如员工对此提起请求确认解雇无效的诉讼时，由于举证责任在公司方面，这时公司就可以将多次的书面惩戒处分通知作为证据提交，以证明该员工存在多次违反公司规章制度的情况。如果以口头方式进行惩戒，就难以自证公司采取惩戒解雇程序合理。

（2）整理解雇

整理解雇可以简单理解为公司到了生死存亡之际，需要裁员。2020 年新冠疫情暴发，受疫情影响，很多公司都陷入了经营困难的境地，很多受重创的公司也考虑采取整理解雇，以控制人工成本。在日本要采取经济性裁员的条件较为苛刻，需要注意以下几个方面。

① "渝旨解雇"，又称劝告解雇，是指员工发生丑闻或违法行为时，督促其反省及离职的处分。

① 裁员的必要性（裁员必须有足够的经营上的必要性）。

② 避免解雇的努力（是否为避免解雇做出了最大的努力）。

③ 挑选人员的合理性（挑选的解雇对象是否有客观合理的选择标准）。

④ 程序的妥当性（是否就管理情况、人员的挑选标准、解雇时间、解雇规模、方式等向员工进行了说明，并与员工进行了协商）。

具体来讲，根据经营情况，公司在裁员之前需要考虑采取以下措施：减少经费开支、降低高管薪酬、推迟招聘新员工、调岗、临时休假、限制加班、降低工资和奖金、征集愿意主动离职的员工，还要就前述的这些情况与劳动者进行说明和协商。

如果公司是以新冠疫情等作为解雇的理由时，还要考虑政府在疫情期间为维持企业的雇佣还出台了一系列补助政策。那么在这种特殊时期进行裁员还要把雇佣调整补助金等政府支援措施也考虑在内，这些都是决定是否要进行缩减经营活动或经济性裁员的重要因素。

过去曾有一家证券交易公司，受 2008 年金融危机的影响，决定退出销售及贩卖高风险金融产品业务，故以业务部门取消为由，将该部门 4 位负责相关工作的员工进行经济性裁员。该 4 名员工不同意，上诉至裁判所，不仅要求恢复原职，还要求赔偿合计 3019.3283 万日元的经济损失。

该案在 2009 年起诉后，经过一审、二审、再审，最后最高裁判所在 2015 年才作出了最终判决。法官认为，本次经济性裁员，原告原先负责的工作已经被取消，确实在业务上有一定的解雇必要性。但该公司在解雇了 4 名原告后，给其他员工加了工资，而且公司和 4 名员工协商离职后，又新招了 4 名员工。综合判断，公司方面没有为避免解雇做出足够的努力，因此本案解雇属于滥用解雇权，解雇无效。[①] 折腾了 6 年，最后这些员工不仅恢复了原职，公司还赔了一大笔钱，实属得不偿失。因此，想采用经济性裁员的理由时，一定要按照法律规定及裁判所的实务判断标准，做好充足的准备。

（3）普通解雇

除上述两种情形之外，其他解雇的情形可以统称为普通解雇。由于没有像惩戒解雇那样有相对比较明确的标准，因此普通解雇的难度是比较大的。以能力不足为例，通常想要解雇一名能力不足员工，需要向裁判所提交员工能力不足的证据。因此，解雇前是否做好保留证据的充分准备就至关重要了。

① 教育和指导。如前所述，日本很多员工都是在校招时，以"一张白纸"的状态进入公司，公司对其承担着教育和指导的义务。只有经过长期、反复的指导，问题员工还是不断犯同样的错误，并且毫无改善的可能性时，则解雇比较容易获得裁判所的认可。

需要注意的是，教育和指导必须要留下书面性的证据，如可以考虑让问题员工填写工作日报。很多公司在解雇能力不足员工时输掉诉讼的最大问题是平常仅以口头的指导，没有留下书面性的证据。并且注意要在工作日报中附有员工个人的感想，以及上司的评价。虽然这增加了上司的工作量，但这是积累证据的关键性工作，不可以忽视。如果公司忽视员工的犯错

---

① 日本最高裁判所第一小法庭 2015 年 3 月 5 日判决。

行为，或者虽然重视了但没有留下任何有用证据，就会给裁判所带来一种印象，即公司并不是很重视这位员工的能力不足问题。如果公司不重视，以此来解雇是对员工太不公平。

从发生在日本以往的案例来看，解雇成功通常都需要一年以上，但事实上这一期间并没有明确的标准。如果同样的错误或者非常严重的错误在短期内频繁发生，如管理仓库的员工短期内连续将错误的货发给客户，这是对公司影响非常大的事情，将有可能导致客户的流失。如经过警告或提示，仍然频繁发错货时，也可以看得出员工没有改善的意愿，因此指导的期间也可以相应缩短。

② 设定改善目标。是否设定了改善目标，并且进行过几次尝试，也是裁判所在判断解雇能力不足员工有效与否的重要条件。

值得注意的是，公司在设定具体目标（改善项目）时，需要听取员工的意见并取得员工的书面同意。目标的设定要合理，而不能具有刁难性质。如该员工的岗位是财务会计岗位，则可以要求其在半年内取得相关国家资格，如簿记三级或二级；但不能要求其在半年内取得国家注册会计师资格，这在事实上明显不可能完成。即使员工不堪压力主动辞职，如果之后又后悔，裁判所也会认为这是在逼迫员工辞职，因此这种过于苛刻的要求是属于无效的行为。

③ 调换岗位。和经济性裁员一样，公司为了挽留员工是否进行了各种尝试，这些尝试行为最终都会成为解雇成功与否的材料，因此如果想要解雇某位员工时，应该对其进行岗位调动，变更其工作内容。因为裁判所认为，该员工能力不足是否是因为其不适应现在的这项工作，是否换到其他岗位

上就能发挥出其能力? 因此公司方面应该相应地进行岗位调整。但是需注意的是,即使是调动岗位,也需要与之前岗位的工作内容有一定的关联性。如果将一个一直从事会计工作的员工调去管理仓库,那么裁判所会认为这是故意对员工所做的一种逼迫其离职的做法,这样就增加了被认为解雇无效的可能性。2016 年日本曾发生几名员工起诉日本某科技公司滥用解雇权最终胜诉的案例。裁判所认为,公司没有采取类似调换适合员工的岗位、根据工作内容进行降职等措施,没有给予员工业务改善的机会,解雇缺乏客观合理的理由,不认为符合社会一般观念,因此解雇无效。①

其实上述内容,在《中华人民共和国劳动合同法》中关于无过失性辞退的条款中也有规定,"劳动者不能胜任工作,经过培训或者调整工作岗位,仍不能胜任工作"的情况下,才能解雇,只不过在实施上并没有像日本这么严格。

(三) 日本公司与员工续签合同,影响因素多

日本的公司与员工续签合同,除了要严格执行法律规定外,还要注意不当言行对续签合同的影响,如事先的许诺、夸大的表扬等。

根据日本关于劳动相关的法律规定,如果在合同到期前或到期后,公司方面提出不续签合同,而员工要求续签时,此时公司就必须提出客观合理的证据,用以证明公司不续签的理由是站得住脚的。如果这个理由不符合社会一般观念,则视为公

---

① 日本东京地方裁判所 2016 年 3 月 28 日判决。

司同意以原有固定期限劳动合同约定的劳动条件续签。如公司与该员工已经多次续签合同，员工以为下一次也肯定会自然而然的续签；又或者在有固定期限劳动合同期限届满时，该员工持有对合同续签抱有期待感的合理理由，如事先的许诺和夸大的表扬等，就可能成为"员工抱有期待感的合理理由"之一。因为这种行为会让员工产生"自己对于公司来说是重要的，即使合同到期后，公司应该也会和自己续签"的期待感。这是日本《劳动合同法》强制用人单位续签合同的一种规定，即使公司不情愿，也没有办法违背。

过去就曾有一家制造和销售电器产品的公司，雇用了一批劳动合同期为 2 个月的临时工，基于业务的需求，与不同的临时工都续签了 5 次以上，之后以合同到期为由不再续签。本案从 1963 年开始，一直持续到了 1974 年。最后被日本最高裁判所认定为解雇无效。因为这些临时工的工作内容、工作岗位与正式员工并无多大差别，公司的就业规则中也规定了，连续雇佣 1 年以上的临时工将给予年休假，通过考验也能转为正式员工等，并且事实上在招聘的时候，说过类似公司方面会长期雇佣、有转正的可能性等言论。综合考虑这些情况，虽然劳动者的地位是临时工，但已经对合同续签有了合理的期待。因此公司单方面决定不续约属于违反诚实信用原则的无效行为。[①] 此案件可谓是起到一个里程碑式的作用，成为今后关于合同不续签能否成功的判断标准。

话虽如此，但也不必过于担心，因为原则上合同到期后不续签并不违法，只是有一定的限制而已。公司在招聘有固定劳

[①]　日本最高裁判所第一小法庭 1974 年 7 月 22 日判决。

动期限的员工时，如果对员工的能力等各方面都没有充分的信心，在招聘之初就需要为今后合同可能不续签做好准备。

根据厚生劳动省的指导方针，拒绝续签至少需要满足以下这些条件。

1. 签订劳动合同时，是否有明示合同是否会续签，以及续签与否的判断基准

一般日本公司在决定录用某位就职者时，需要给对方寄送《劳动条件通知书》。根据《劳动基准法》规定，《劳动条件通知书》中必须要有以下内容，如表 4-6 所示。

表 4-6　　《劳动条件通知书》中必须明确的内容

强制性必须加入的内容	需要明示的内容
劳动合同的期间	离职补偿的适用范围、计算方
有固定劳动期限的，将来合同更新时的标准等	法、支付方法、支付时期等
工作地点	临时性的工资、奖金
工作内容	伙食费、劳保用品由谁承担
上下班时间	职业培训
有无加班	奖励和惩罚
休息时间、休息日、休假	
薪资、计算方法、支付方法、结算日、支付日、如何加工资	
离职、解雇事由	

虽然法律并未规定《劳动条件通知书》中一定要加入是否续签劳动合同的内容，但厚生劳动省给出的《劳动条件通知书》模板中，就有关于"是否续签"的填写栏，这实际上也是给公司提个醒，如果约定不明，就目前的裁判倾向，会更偏向劳动者。

- 合同是否续签：
    - ◇ 自动续签。
    - ◇ 有可能续签。
    - ◇ 不续签。
- 合同是否续签根据以下情况判断：
    - ◇ 合同期满时该员工的工作量、工作态度、绩效、能力。
    - ◇ 公司的经营情况、从事工作的进展情况等。

这里，如果对某些员工的发展前景不能确定，那么选择不会让员工产生期待感的最佳办法是"不续签"。

2. 有无进行不续签的预告

对于劳动合同期限超过 1 年且进行过 3 次以上续签的员工，如果不续签时，至少要在合同期满的 30 天之前，向员工发出不续签劳动合同的预告。在劳动合同快到期之前，公司方面如果毫无动静的话，越接近合同到期日，员工就越以为公司会继续和自己续签，从防止劳资纠纷的观点来看，提前预告不仅可以避免员工有这种期待感，还可以给其充足的时间寻找下一份工作。

3. 有无明示不续签的理由

即使《劳动条件通知书》上明确写清楚"合同不续签"，当公司决定不续签时，仍然需要明确告知劳动者合同不续签的理由，如存在有以下的情况：

- 上次合同续签时，已经和员工达成了不续签劳动合同的一致意见；
- 最初签订劳动合同时，就已经约定好了续签的次数；
- 因为该员工负责的工作结束；
- 因为公司业务萎缩；
- 因为能力不足；
- 因为工作态度不良。

4. 有无对合同不续签一事尽到努力的回避义务

公司对于劳动合同续签了 1 次以上 3 次以下，且连续雇用超过 1 年的员工，是否有根据劳动合同的实际情况及员工的要求，尽可能做到了延长合同期限的努力，这是一项考验公司诚意的规定。例如，在新冠疫情之下，就有大量的公司为了节约成本，选择了中途解约或到期不续签。但事实上政府是有面向企业的雇佣维持补助金的政策，因此裁判所在对该类案件进行审理时，也会考虑公司为了维持雇用的稳定，是否有申领政府补助金等情况。

上述 4 点仅仅是行政部门公布的关于有固定期限劳动合同的签订、续签及解约相关的指导方针，裁判所在审理该类案件时，考虑的要素会更多，具体可以参考以下几个方面。

（1）客观的工作内容

从事的工作种类、内容、工作形态，是不是和正式的员工一样具有稳定性、长期性和同样性等。

（2）合同上的岗位

录用时安排的岗位是否具有临时性。

（3）当事人的主观态度

公司是否有做出让员工对继续雇用抱有期待感的言行。

（4）续签的手续和实际情况

是否过去已经续签过多次，以及在过去续签时，是否对续签手续进行了严格的判断过程等。

（5）其他劳动者的续签情况

同等岗位的其他劳动者有没有不续签的情况等。

就目前的裁判案例倾向来看，只有在合同履行过程中，双方当事人对合同到期后不续签一事持有清楚认知，或者合同中约定的岗位是临时性的，在合同履行过程中也并未指派该员工从事其他岗位的工作，以及同样地位的员工基本上都没有续签合同，续签时根据续签与否的判断标准经过了严格判断的，方才被认为有效，其他情况基本上都会被认定为不续签违法。

（四）认真认识和对待日本的"加班"问题

我们常从日剧里看到，许多日本员工特别以公司为中心，每天都会加班到很晚，之后再去居酒屋撮一顿，很晚回家。确实如电视剧中所描述的，日本是一个"加班大国"，除了一些业务特别繁忙的公司外，其他一些公司的员工似乎持有一种如果不加班就不能向公司证明自己爱岗敬业的态度。有时候同事之间也会互相攀比，导致在加班问题上越来越"卷"。同时，日本也是一个"过劳死"现象很严重的国家。1991 年日本电通集团就发生过一起员工因为过劳而自杀的事件。该员工当时仅 24 岁，1 个月的加班时间甚至长达

147 个小时，同时还存在来自上司的职权骚扰等情况。受这些多重压力影响，该员工选择在家中自杀。其家人以公司未尽到对过劳问题的安全注意义务为由，向公司索要损害赔偿。最终在 2000 年，裁判所判决公司向遗属支付 1.68 亿日元的赔偿金。① 此案件开创了因过劳死向公司索要损害赔偿金案件的先河。该案例仅仅是属于民事案件的范畴，如果过劳问题严重，甚至会涉及刑事案件。

同样是日本电通集团发生的案件。2015 年，东大毕业的 24 岁女性员工，因为无法忍受长时间的加班而在家中自杀，2016 年被认定为工伤，2017 年该公司的社长被检察院起诉，以"劳动基准法违反罪"判处 50 万日元罚金。② 该罚金并非行政罚款，而是属于会留有前科的刑事处罚的一种。该事件成为日本社会重新审视过劳问题的契机，促进设置加班时间上限的一系列劳动改革相关法律的出台。行政部门也出台了各种指导方针，要求企业做好员工加班的管理。

1. 日本的工时制度

（1）普通劳动时间

《中华人民共和国劳动法》规定，中国实行劳动者每日工作时间不超过 8 个小时、平均每周工作时间不超过 44 个小时的工时制度。日本的劳动时间与中国差不多，日本《劳动基准法》规定，除休息时间外，原则上劳动者每日工作不得超过 8 个小时、每周不得超过 40 个小时。

---

① 日本最高裁判所第二小法庭 2000 年 3 月 24 日判决。

② 电通将被略式起诉 总部高管将起诉暂缓 东京地方检察厅. (2017 - 06 - 23) [2022 - 12 - 29]. 产经新闻.

（2）变形劳动时间

由于一些行业或工作岗位的特殊性，无法用普通劳动时间对员工的工作时间进行管理，因此日本也存在类似中国不定时工作制和综合计算工时工作制的变形劳动时间制度。日本《劳动基准法》规定，用人单位在该工作场所内，可与公司内的工会（无工会的情况下与员工代表）签订劳使协定；或者通过就业规则规定，在普通劳动时间规定的时数内，可实行以1个月或1年为单位的变形劳动时间制或弹性工作制。这种规定比较适合需要轮班的公司，或对高级管理人员的工作时间管理。此外，在实行特殊工时工作制时，日本更加注重的是公司与员工的意思自治，签订了劳使协定后，向辖区的劳动基准监督署申请备案即可。

（3）其他工作时间制

日本还有两种比较特殊的工作时间制：工作场所外劳动认定工作时间制和裁量劳动制。

工作场所外劳动认定工作时间制，是指对于一些类似于跑外勤的岗位，由于其工作的场所不会固定在某一个地方，员工一旦离开办公室时，就处于上司或领导无法进行工作指挥和监督的状态。特别是因为新冠疫情的原因，很多公司都采用了居家办公的模式，这样就导致劳动者的工作时间很难掌握和统计。在此前提下，如公司确实有必要，则可以采用在"在非工作场所"的"特定时间"视为"已经劳动"的工作时间制。

前述的情形是适用于跑外勤等在工作场所之外工作的员工。对于内勤人员，也可以采用同样的"视为劳动"的工作时间制——裁量劳动制。适用此种制度的员工，可以自行决定工作的方式、工作时间的分配等，公司在进行劳动时间计算时，也不必管该员工实际工作的时长，只要按照劳使协定上约定的时间来计算工资即可。裁量劳动制分为专业业务型裁量劳动制和企划业务型裁量劳动制两种。

根据厚生劳动省的指导方针，只有下述 19 种职业才可以采用专业业务型的劳动制度，都是一些专业性较强、比较依靠劳动者个人能力的一些工作种类。

① 新商品或新技术的研究开发或与人文科学或自然科学有关的研究工作。

② 信息处理系统的分析或设计业务。

③ 传媒出版行业中，报道采访或编辑业务。

④ 服装、室内装饰、工业产品、广告等设计业务。

⑤ 广播节目、电影等的制片人或导演业务。

⑥ 与广告、宣传等有关的撰稿人业务。

⑦ 信息处理系统运用的咨询业务。

⑧ 与照明器具、家具等的配置有关的室内协调员业务。

⑨ 游戏软件的创作业务。

⑩ 证券市场的证券分析师业务。

⑪ 使用金融等知识进行金融商品的开发业务。

⑫ 大学教授研究工作。

⑬ 注册会计师。

⑭ 律师。

⑮ 建筑师（一级建筑师、二级建筑师和木结构建筑师）。

⑯ 不动产估价师的业务。

⑰ 专利代理人。

⑱ 税理师。

⑲ 中小企业诊断师。

而企划业务型则适用于需要对公司运营业务作一定的企划调查、分析等岗位。

上述这三种工作时间制与变形劳动时间制一样，需要与工会或员工签订劳使协定，并向辖区的劳动基准监督署备案。

2. 休息时间规定

《中华人民共和国劳动法》规定，用人单位应当保证劳动者每周至少休息一日。日本的《劳动基准法》第 35 条也有同样的规定。但是日本有个强制性的规定——连续工作超过 6 个小时，必须强制休息 45 分钟；超过 8 个小时，必须要休息 1 个小时。这个休息时间需要在工作过程中使用，即使员工表示不想休息，想将这个休息时间挪用到退勤时间以便提前下班，公司也不能同意。因此实务中一般在中午安排 1 个小时，作为休息和吃饭时间。中国的法律上虽并未做强制规定，但实务中一般中午也会安排适当的休息时间。

3. 日本的加班工资倍率

根据《中华人民共和国劳动法》规定，劳动者平日加班的加班费计算标准是本人小时工资的 150%，双休日是小时或日工资的 200%，国家法定休假日是小时或日工资的 300%。而日本除了正常的倍率外，如果加班时间在深夜 10 点至凌晨 5 点，则还要加上深夜的倍率，详见表 4－7。

表 4 – 7　　　　　　　　　日本的加班工资增额

加班时段	增额（%） （以加班部分已 100% 支付为前提）	不用计算增额的部分
平日加班	25	①家族津贴
法定休息日加班	35	②通勤津贴
深夜加班	25	③别居津贴
平日加班 + 深夜加班	50	④子女教育津贴 ⑤住宅津贴
法定休息日 + 深夜加班	60	⑥临时工资
每月加班超 60 个小时	75	⑦跨月计算的工资

以平日加班 2 个小时为例，加班费的计算公式如下：

中国：员工的小时工资 ×1.5 ×2 个小时

日本：员工的小时工资 ×1.25 ×2 个小时

4. 实务中与加班费相关的各种问题

（1）急速增加的未支付加班费的问题

过去，日本在年功序列制以及终身雇佣制的影响下，大多数日本人都更倾向以社为家，对公司有较强的归属感。因此"免费加班"的情况很多。但现在的日本年轻人已经很少有父辈们那种以社为家的观念，频繁跳槽的年轻人并不少见。

而且，近些年日本加强了对过劳问题的重视，如厚生劳动省就设有关于劳动条件的网上窗口。如果公司存在不付加班费的情况，员工可以匿名举报。对于不付加班费的公司，劳动基准监督署还会给予行政指导，每年都会将指导的结果公布在厚生劳动省的网站主页上。

2022 年 3 月，日本《劳动基准法》通过修正，将以往的工资请求权的消灭时效从 1 年延长至 5 年（仅针对离职津贴），员工可以就未付加班费等向公司索取的期限（时效）从 2 年延长到 3 年（《劳动基准法》第 115 条、第 143 条）。也就是说，以往只可以追溯过去 2 年内未付加班费的情况，现在可以追溯至 3 年内。

鉴于这些大环境的影响，日本人对于加班工资的维权意识在慢慢提高，因此公司务必要做好对加班问题的管理。

（2）出于各种目的的"磨洋工"问题

有些员工为了"混"加班费，正常工作时间干活拖拖拉拉，特意放到快下班了才开始做。这种情况下，当员工工资比较高时，会提高公司的用工成本。或许公司会主张，员工在上班时间或加班时间玩手机、看电影、闲聊等，因此不同意支付加班费。但公司本身就承担对员工劳动时间进行管理的义务，即使有此主张，如果没有明确的证据，还是无法拒绝要求其支付加班费的请求。

根据《中华人民共和国劳动争议调解仲裁法》规定，发生劳动争议，当事人对自己提出的主张，有责任提供证据证明。与争议事项有关的证据，属于用人单位掌握管理的，用人单位应当提供；用人单位不提供的，应当承担不利后果。也就是说，一般的民事案件实行的都是"谁主张谁举证"的原则。但劳动纠纷实施的是"举证责任倒置"原则。员工如果要求支付未支付的加班费时，只需做一般的简单举证即可。比如说考勤记录，如果无考勤记录，则员工只要证明自己在下班时间发过工作邮件、自己在工作手册上写过下班后的工作安排等，均可以作为员工已经加班的证据。而公司要反驳时，则需要提供更为详细具体的考勤记录。如果公司在考勤这一方面的管理做得不好，败诉的可能性就非常大。

（3）针对加班费问题的对策

① 导入固定加班费制度。从控制用工成本来看，可以考虑将固定工资的一部分设定为固定加班费。例如，公司与某员工协商，进公司后每月的工资为 44 万日元（从该员工的岗位工作量来看，每月还是存在一定的加班情况），可以考虑将工资做如下区分。

基本工资：330 500 日元

岗位工资：50 000 日元

固定加班费：59 500 日元（约等于加班 20 个小时）

这样区分后，该员工不管是加班 1 个小时还是加班 19 个小时，只要每月加班在 20 个小时以内，都仅需支付这些事先约定好的加班工资。一旦超出 20 个小时，则必须支付固定加班费以外的正常加班工资。此外，由于固定加班费仅是针对平日的普通加班，如果发生深夜加班、休息日加班，还是需要另行支付增额倍率。

② 做好禁止加班的措施。还有一个比较极端的做法是：禁止加班。因为法律只是规定了加班的上限时间，公司要不要让员工加班是属于公司自主经营权范围内的事情。如果采用了禁止加班的策略，则一定要将该决策进行公告通知，且要落实到位。如发现员工在下班时间滞留在工作场所内时，需要及时督促其打卡下班。如果明面上说禁止加班，但实际上对员工加班的行为"睁一只眼闭一只眼"，那么会被认定为"默示加班"，一旦被员工提起诉讼，公司将无法以"禁止加班"为由进行抗辩。

（五）认真认识和对待日本的"工会"问题

1. 日本工会的作用

日本的工会完完全全站在劳动者一方，而不考虑公司是否有苦衷、员工方面是否有过错，属于为劳动者"杀鸡取卵"式的维权。因此，如果想来日本投资经营，一定要重视工会这头"猛虎"。

根据日本《宪法》第 28 条的规定，劳动者拥有"团结权""团体谈判权""团体行动权"。

团结权，是指劳动者可以抱团，通常两个人以上就可以组成工会。由于组织及设立程序简单，现在有很多劳动者将工会做成了一门生意。

团体谈判权，是指工会代表员工出面与公司交涉谈判。

团体行动权，是指加入工会的劳动者可以抱团行动，如集体上街游行、发传单、罢工等。

日本的工会采取的这些行动，不用承担任何民事、刑事及行政责任。日本《劳动组合法》第 8 条也规定，公司即使因为劳动者合法的罢工，或其他工会维权行为而受到损失，也不可以向工会及工会成员要求赔偿。

所以有一些员工即使没有加入工会，如果觉得公司侵犯了其合法权益，或者被辞退等，转头就去加入一个工会，然后会通过工会要求和公司谈判。根据法律规定，如果工会提出要求团体交涉，公司没有拒绝的权利。如果拒绝了，工会可以向劳动委员会、裁判所起诉。如果劳动委员会或裁判所认为公司的拒绝是毫无理由的，则会强制要求公司与工会谈判。

从日本人的国民性来说，不像欧美人那样热爱上街游行，因为日本人普遍都有一点内向，像上街游行这种需要在大庭广众之下抛头露面的事，不大会愿意配合。但是，不能以为不愿意游行就掉以轻心。现在是网络时代，一则消息瞬间就可以有几千上万的点击率，"某公司对待劳动者不公，社长与工会对立"等网络信息在传播速度和范围上比上街游行更奏效。有些劳动工会的人员甚至专门去掌握了制作网页等技术，将劳资纠纷放在网上"发酵"。而现在年轻人在求职时都喜欢在网络上先检索公司信息，如果发现某企业有劳资方面的"丑闻"，就会将企业归类为"黑名单企业"，导致企业无法招到满意的人才。因此对公司来说，如工会提出团体交谈，建议配合对方，尽可能将影响压缩到最小范围。

日本的工会除了上述作用之外，还有处理用人单位不当劳动行为的作用。不当劳动行为，是指日本《工会法》第7条中规定的用人单位不可以做的禁止性行为。如果工会认为用人单位存在不当劳动行为时，可以向劳动委员会申请发出救济命令，用人单位如果无视该救济命令，有可能会被处以50万日元以下的行政罚款（日本《工会法》第32条）。如果用人单位及时响应，可以向裁判所提起针对救济命令的撤销诉讼。假设裁判所最终未支持用人单位的撤销请求，且用人单位仍然拒不履行该命令时，将有可能被处以1年以下有期徒刑或100万日元以内的罚金刑（日本《工会法》第28条）。除此之外，员工可能会以公司侵犯工人的团结权，对其做出不利对待为由，提起劳动诉讼，要求公司支付损害赔偿及精神损失费。

不当劳动行为主要有以下几种类型：

① 招聘员工时，不得以"禁止加入工会或退出工会"为录用条件。带有这种条款的招聘合同，也称为"黄狗合同"。由于工会一直站在企业的对立面，因此过去一些国家的企业为了加强对员工的控制，就在劳动合同中加入了控制员工自由加入工会的条款，这是严重侵害员工团结权，限制打压工会成长的行为。因此，日本的《工会法》将这种行为列为禁止性行为。归根到底，这一条实际是担心企业通过各种方式，限制、打压、弱化工会的地位而设的一条法律。

实务中，有很多情形都可能触犯该种类型。例如，某位不熟悉日本工会的外籍企业负责人，在员工通过工会提出团体谈判的要求时，答应了与员工及工会谈判。在谈判当天，几位员工代表及工会代表都共同在场，要求公司公开经营信息、财务数据等，该负责人不愿意公司财务信息数据外泄，也抱有"家丑不可外扬"的特有思维，于是他绕开工会代表，直接对员工代表说，咱们公司的事咱们内部解决，公司已经安排了谈话的渠道，你们可以不通过部门领导，直接与社长、总经理等高级别的管理层直接沟通。此番话引起几位工会代表的不满，当即表示要就此言论向劳动委员会申告。这件事告诉我们在已有工会介入的情况下，不可绕过工会与员工直接沟通，否则可能会构成"打压、弱化工会"的不当行为。

② 禁止以员工是工会成员或以其行使正当工会成员权限为由，对其处以解雇或其他不利对待。本条是指公司不得以员工是工会成员、试图加入工会、试图组建工会、行使作为工会成员的合法行为、向劳动委员会提出不正当劳动行为的申请等为由，将其解雇，或做出其他不利的事情，如孤立、

排挤等。

如前所述，工会是完全站在公司的对立面，代表员工进行维权。比如说，有一起外资企业日本子公司与工会谈判的案例。该外资企业的日本子公司对于员工的待遇远远高于其他日本企业，但因为新冠疫情的影响，停止支付了一个季度的奖金。6名员工认为公司不加详细说明便停止支付一个季度的奖金，侵害了他们应该享有的合法权利。因此，加入工会，要求企业说明不支付奖金的理由，并且反复提出要求团体谈判，反复追问该事如何解决，使该公司疲惫不堪。该公司从国外调任过来的外籍管理层也颇有怨言，以至于在日常工作当中，偶尔会说一些针对加入工会员工的一些怨言。管理层的这种怨言，在团体谈判时，也被工会以"不得对员工处以不利对待"为由，提出警告。

③ 禁止无正当理由拒绝团体谈判。本条指企业无正当理由，不得拒绝与加入工会的员工代表进行团体谈判。如果不清楚国外工会相关的法律，也不知道问题的严重性，当碰到工会要求团体谈判时，就采取无视的方式，搁置处理。这种处理方式是日本《工会法》明确禁止的行为，极有可能导致工会采取升级版的维权措施，如将采取上街游行、发传单等更为激烈的维权方式。

除了"无视工会团体谈判要求"这种比较强硬的拒绝姿态外，表面上答应与工会团体谈判，但实际上在团体谈判时采取隐瞒、"打太极"等方式应对，也会被认定为"不诚实团体谈判"，也是属于禁止性行为。

④ 禁止对工会运作等进行控制干预和经费援助。日本禁止一切企业向工会提供金钱上的援助、为工会的运营提供便利

的行为，也拒绝公司方面以各种理由妄图介入工会的运营。除了给公司内部的工会提供最小限度的办公室、在员工与公司进行团体谈判时支付正常工资等极少数的情形外，其他给加入工会的员工参加工会活动给予金钱补助，社内工会的水电费等由公司承担，为工会活动提供经费、旅费等支持，都是属于禁止性行为。

2. 日本工会应对办法

鉴于日本的工会特点，如果公司某一天突然收到员工要组建工会，或某工会要求团体谈判的要求，切记要重视起来，同时应立刻与律师商量应对办法。一般在面对工会的各种要求时，可以采取以下一些办法。

（1）谨言慎行

如果公司内部有工会组织，或者有员工加入了外部的工会，在平时与他们相处时，要切记勿说一些或做一些会让他们认为是公司有意在削弱工会力量的言行，如"你加入的这个工会不好，可以换一个""工会真是太麻烦了""那个员工加入工会后给公司添了好多的麻烦"等，这些都会被理解为怂恿员工远离工会的言行。最好的办法就是在公司内，尽量避免谈论工会的话题。此外，如果收到员工通过工会提出团体谈判要求后，也不要想着"家丑不可外扬"，试图绕开工会在公司内部解决。这样很容易得罪工会，届时利用员工做一些不利于公司的事情就雪上加霜了。

（2）直面问题

按照笔者与工会多年的谈判经验来看，如果某一天突然收到工会要求就员工的工资、奖金、加班费、提高劳动条件等提出团体谈判的要求时，绝对不可以漠然置之。无视的话会导致工会方面采取更为激烈的抗议措施，平白无谓地扩大纠纷，最好是能积极应对，因为这是一个态度问题。如果最终双方就工会的要求谈不拢，有可能会诉至裁判所，而裁判所需要从各个方面综合性地考虑后做出判断，公司积极应对的态度可以从侧面说明公司愿意配合，只是基于一些无奈因素无法妥协而已。

（3）严守底线

在不当劳动行为中，提到了禁止公司对工会运作等进行控制干预和经费援助。但实际上，特别是公司内部组建了工会的情况下，作为工会成员的员工反而会对公司提一些要求，如借用公司的会议室组织工会活动、借用公司的布告栏、员工要参加工会活动无法正常出勤时要求给予休假或照发工资等。在团体谈判时，工会也会提出很多在公司看来不合理的要求（实际上这些要求就是员工的要求），如工资要加到多少等。有一些公司可能会想着和工会搞好关系，本着能答应就都答应的态度。但实际上大多数工会成员并不会领情，如果认为公司侵犯了他们的权益，还是会找公司要求提高他们的待遇。因此，只要在法律允许的范围内，公司没有义务答应工会成员或工会的各种要求。

（4）审慎签约

相信大家都能理解，涉及签字盖章的事，都需要谨慎。因此平时在和工会成员或者工会相处过程中，不要轻易在会议记录、劳使协定上签字。公司方面并没有当场签字的必要，法律也没有规定公司有这样的义务。一定要看清楚内容，如果对于内容是否有法律风险无法判断的，最好是带回公司，领导层之间讨论再定。如果当场双方都签了字，就代表着公司已经认可这些内容，之后想反悔就很不容易了。曾经有一位社长为了社内的工作等可以顺利进行，与加入工会的员工处好关系，没有过多考虑就和加入工会的员工签了一份劳使协定，其中就有一条"公司要开除加入工会的员工时，需要得到工会的同意"，结果就导致了公司在员工管理上非常被动。

三、公司可以使用的两大员工管理"利器"

如前所述，虽然日本企业对于员工的解雇有很多的限制条件，没有正当的理由解雇员工将会被裁判所认定为解雇无效。但反之，只要不解雇员工，在公司内部对员工的工作、工种做一些调整，只要不被认为是为了逼迫员工主动辞职，都是属于公司自主经营权的范畴。

（一）调岗转勤

1. 日本企业人事调动的主要形式

① 调任。调任就是给员工换个岗位。例如，该员工入社时是会计岗位，但后来发现该员工的会计工作能力较差，不足以胜任该岗位，于是将其调到行政岗。该调任可以是平级的调动，也可以是降级的调动。

② 转勤。转勤指变更员工的工作地点。例如，从东京的总公司调到几个小时车程的京都分公司，或者在同一个城市内不同店铺间调动。

③ 出向。出向也就是中国所说的"借调"。不改变员工与本公司的隶属关系，将其派到集团内的母公司、子公司或者关联公司任职。工作命令等与劳务提供相关的事项由接收公司承担，而类似于劳动条件如年休、解雇条件等事项仍然按照原公司的规定。

④ 转籍。转籍是指从现在的这个公司离职，结束劳动关系，与其他的公司签订新的劳动合同。不仅可以向集团内公司转，也可以调到与公司有合作关系的客户的公司。

2. 使用的前提

虽说日本的裁判所对属于公司自主经营权的范围认定较为宽松，但也并不是一点要求都没有，还是有一些前提条件。

（1）就业规则中有相关规定

正如之前所说，就业规则是公司管理员工的基础。没有劳动合同，或者劳动合同未做约定的劳动条件，均按照就业规则的规定来实施。并且就业规则需要面向所有员工公开，使所有员工对就业规则中规定的劳动条件知情。换言之，如就业规则中已经有关于"调任""转岗""出向""转籍"的相关规定，则意味着公司早早地就告诉过员工。公司在必要的时候，有权限对员工的岗位等做一定的调整，因此想要对某员工进行调任等时，也就有了依据。

（2）劳动合同未作限制

即使就业规则中有关于"调任""转岗""出向""转籍"的相关规定，但毕竟是面向所有员工的，如果与个别员工在签订劳动合同时，作了与就业规则中矛盾的约定，而"就业规则"和"劳动合同"就类似于"普通法"和"特别法"的关系。特别法势必是优先于普通法的，因此劳动合同的效力优先于就业规则。一般来说，只要与员工签的劳动合同中没有约定类似于"无调任、转岗、出向、转籍""工作地点仅限在××""仅限××岗位"，则基本上不用太过担心。实务中一般劳动合同都会对工作地点和岗位做出约定，只要没有加"仅限""只"这种限定语及"工作地点在××""担任××岗位"这种约定，不会被认为是对工作地点和岗位的限定。

（3）员工家庭无特殊情况

说到底，规定归规定，法律认为员工的家庭情况也还是需要考虑。根据过去的一些案例显示，同样都是上有老、下有小的家庭，如果家里的成员（不管是老人还是配偶或是小孩）有需要照顾的病人时，如父母亲患有老年痴呆、妻子患有精神疾病，或者小孩患有严重疾病等，裁判所一般都会认定作为家中支柱的员工需要与配偶共同对患病的家庭成员尽到照顾义务，不适合调到其他地方去工作。反之，如果家里的老人、小孩等身体健康，即使老人岁数很大，或者孩子年龄很小，也不能成为员工拒绝的理由。

（4）其他一些客观的参考情况

一般来说，裁判所在判断公司使用这些"利器"是否合法时，除了一些很硬性的条件外，如果就业规则中没有规定，劳动条件有限定时，基本上都不用再做判断，直接出局。但即使硬性条件满足了，裁判所还会通过一些其他的情况来做综合性的判断。

比如该公司的规模。如果某员工在招聘之初，该公司就是一个有很多分公司、海外也有据点的集团公司。则公司在行使这些"利器"时，就比较容易获得认可。事实上日本就有很多企业需要单身赴任、海外长期出差的情况。反之，招用该员工时，公司仅仅是只有一个办公室的小公司，即使后面公司经过发展，在其他地区设了营业所等，对于员工来说，他可能会提出"我在面试时并不知道公司会有外派调岗的情况，我就是图公司离家近，要是知道会调到其他地方，我就不来应聘了"这种主张。正如前述所说，公司的自主经营权是比较广泛的，如果公司规模扩大了，即使员工当初入社时以为不会被调动，但裁判所还是会推测员工是默认接受调岗换工作地点。

此外，员工是通过总公司招聘还是分公司招聘，也是一个衡量的要素。说到底，如果员工进公司时，公司的规模就已经很大了，那日本社会的普遍认知就是：没有特殊的情况，可以在集团内部进行调动。

其他还有公司过去是否也有其他员工被调任转岗等；对该员工的调岗转勤是否有必要性，换其他员工是否就无法满足公司的业务需求；公司是否想逼迫员工主动离职；公司有没有给一些金钱方面的支持；等等，也是判断调岗转勤是否有效的要素。

3. 员工拒绝时如何处理

实务中，笔者接触过的一些处理问题员工时的案例，大多数员工会以家里有老人、小孩要照顾，调岗地方太远等为由进行拒绝。如前所述，除非家中成员有重大疾病需要照顾，否则这些理由都不是理由。

但也有一些特殊情况。例如，调任和转勤由于不改变隶属关系，工作指挥权也未变更，说到底是公司内部的事，因此只要满足前述的几个前提，即使员工不同意，公司也可以强行实施。但出向和转籍涉及了其他公司，因此前述的前提条件仅仅成为一个前提，还需要进一步与员工个人之间达成同意出向或转籍的一致意见，否则强行实施就违法。

如果想要对员工进行无须其同意的调任或转勤，而员工又不同意时，公司怎么办呢？从法律上来讲，公司出钱购买员工的劳动，员工应当听从公司的指挥，当公司下达满足前提条件的调任或转勤命令时，它也是属于一种工作命令，员工如果坚持不遵守，那么就属于对劳动合同的违约，公司可以以此为由辞退员工。

（二）劝退

劝退，就是劝员工自己主动离职。既然公司方面主动解雇员工存在诸多困难，那想要达到员工离开公司的目的，为数不多的办法之一，就只有提出各种条件，让员工主动辞职。只不过劝退也需要注意后面几个问题，否则即使劝退成功，员工如果反悔起诉，也有可能被判定为无效劝退。例如，某员工在2001年12月25日收到公司的劝退通知，公司称其存在考勤不良等行为。由于该员工看到其他员工 A 也收到了劝退，且由于公司的就业规则上规定"工作成绩明显不好，没有改善的可能性时"属于解雇事由，误以为如果自己不主动离职就会被公司解雇。因此在三天后向公司提出离职申请，公司也同意了该申请。劳动合同解除后，员工回过神来，认为自己并不是真心想离职，只是自己存在错误的认知，因此请求裁判所确认自己与公司的合意离职无效。最终裁判所支持了他的诉讼请求，并判决公司支付其从 2001 年 12 月 28 日到判决生效日 2004 年 5 月 28 日之间每月 46.6726 万日元、共近 1400 万日元的工资。[①] 可以说该员工不仅拿到了长达 2 年多诉讼期间的工资，且合意离职被认定为无效，又重新回到公司恢复原岗。对于公司来说，无效的劝退，成本极大。

1. 准备好劝退的材料

一般来说，对于能力不足或工作态度不良的那些员工，不解雇容易影响团队工作，直接解雇又难以获得裁判所认可，因此一般律师会建议公司在实施注意指导、调岗转勤等措施时，可以同时与员工面谈实施劝退。为了让员工理解公司为何会有此想法，可以事先准备好员工能力不足等方面的证据，比如工作出错、客户对该员工的投诉、同事对其工作的不满的情况、业绩考核分数差、迟到早退等记录。所以公司在对员工的工作进行管理时，留下书面的材料非常重要，这些记录都有可能会在某个时候发挥极大的作用。此外，也可以提供一些金钱上的补偿，或者给予其他一些好处，通过多次面谈，慢慢加码，最终达到劝退的目的。

2. 禁止采用过激的手段和语言

一些公司在对员工进行劝退的时候，可能会采取一些较为过激的手段。例如，不安排工作、不准员工来公司、故意给员工设定很离谱的工作目标或任务、逼迫员工主动离职等。虽然能理解公司希望问题员工尽快离开公司，但既然想要对方主动

---

① 日本横滨地方裁判所川崎支部 2004 年 5 月 28 日判决。

离职，就不能采取带有"胁迫"的手段。否则，万一被员工录音留下证据，就有可能变成职权骚扰。

3. 禁止"死缠烂打"

在实务中，很多员工收到公司的劝退通知时，往往是拒绝的居多。因此公司实际上需要做好长期的心理准备。为了让员工尽快接受劝退，有一些公司往往采用过激手段，频繁地、不分时间段地要求与员工面谈。过去就曾有过日本某市立高中学校的一位老师已经明确拒绝劝退时，市教育委员会的该案经办人在 4 个月时间内一共实施了 12 次长时间的劝退行为，且深夜还有多次电话劝退，最终被认定为劝退违法。①

四、雇用外国人需要注意的问题

在雇用外国人问题上，日本政府要求不管是劳动条件，还是保障安全卫生、各种保险、人事管理、培训教育等方面，都不得与雇用日本人有差异。换句话说，日籍员工该交的保险，外籍员工也一样要交。实务中确实有很多经营者在雇用外籍员工时，会想方设法规避缴纳保险；或者应员工要求，帮助其少缴纳个人所得税；或者以低于日籍员工的劳动条件雇用等情况。因此，厚生劳动省专门出台过《经营者应采取适当措施改善外国籍工人雇用管理的指导方针》。除此之外，为了更加及时准确地掌握外国人的在留情况，还有一些经营者需要承担

---

① 日本最高裁判所第一小法庭 1980 年 7 月 10 日判决。

法律上的义务。

（一）确认滞留日本的合法性

在日本拥有可以从事接受报酬的工作资格的外国人，其能够就业的重要条件之一，就是要取得日本出入国管理厅发放的在留卡，并在有效期内。企业如果接收（执）有过期在留卡的外国人就业，就会涉嫌违法。

首先，在留卡过期，实际其已经成为非法滞留在日本的"黑户"，本身在日本生活、工作就已经违法。根据日本出入国管理法的相关规定，在留期间未获得更新或未获得变更的人，在留期间期满后仍滞留日本［《出入国管理及难民认定法》（以下简称《入管法》）第24条第1款第4项］，或对于超出其在留资格活动范围进行工作的，如被认定为专门从事资格外活动的人，将处3年以下有期徒刑或监禁，或300万日元以下的罚金刑，或并处有期徒刑、监禁、300万日元罚金刑（《入管法》第70条）。除了因人口拐卖被别人控制人身自由的情形，犯前款罪的人都将被强制遣返；或者虽未被认定为专门从事资格外活动，但却违反资格外活动许可规定，从事获利性活动的人，将处1年以下有期徒刑或监禁，或200万日元以下的罚金刑，或并处有期徒刑、监禁、200万日元以下的罚金刑（《入管法》第73条）。前述的这些情形可以统称为"非法就劳"罪。

其次，对于接受"黑户"，让其在自己店铺或公司工作的经营者，日本《入管法》还规定了"非法就劳助长罪"。为了自己的事业活动，让外国人从事非法就业，或为了让外国人从事非法劳动而将其置于自己支配之下，或者为了外国人非法就业进行斡旋时，将处 3 年以下有期徒刑或 300 万日元以下的罚金刑，或并处有期徒刑与罚金刑。犯非法就劳助长罪的人，不得以其不知道该外国人超出在留资格所允许的活动范围进行获利性活动，或该外国人的活动未获得资格外活动许可为由而意图脱罪，除非能证明不存在过失（《入管法》第 73 条第 2 款）。这里所指的"不存在过失"，一般指的就是需要证明自己在雇用该外国人的过程中，履行了各项法律、行政法令规定的经营者的义务等情形。

（二）做好各项备案义务

1. 向职业安定所备案

首先，经营者想要雇用外籍员工，除了持"外交""公用""特别永住者"在留资格外，在雇用时及该外籍员工离职时的第二个月的最后日之前，都需要根据厚生劳动省令，确认该外籍员工的姓名、在留资格、在留期间、出生年月、性别、国籍地域、有无资格外活动许可、在留卡号码、雇用或离职的年月日、雇用或离职相关的事业所的名称和所在地，以及其他厚生劳动省令规定的事项，通过管辖该外籍员工工作的支店、店铺、工厂等工作场所所在地的职业安定所向厚生劳动大臣提交备案（日本《劳动施策综合推进法》第 28 条）。备案方式可以是前往职业安定所递交备案书，也可以通过职业安定所的"外国人雇用状况备案系统"进行网络备案。不备案或提交虚假备案的人将处以 30 万日元以内的罚金刑；单位犯前款罪的，除了惩罚行为人外，还将对单位处以同样的刑罚（日本《劳动施策综合推进法》第40条第1款第2项、第2款）。

2. 向出入国管理厅备案

依照日本《劳动施策综合推进法》第28条，附有备案义务的单位以外的机构，对于持"教授""高度专门职""经营·管理""法律·会计业务""医疗""研究""教育""技术·人文知识·国际业务""企业内转勤""护理""演出""技能""留学""研修"在留资格的人，应当在开始或结束接收的14天内，就该外国人的姓名、出生年月日、性别、国籍地区、居住地及在留卡号码、该外国人将要开展的工作或活动内容、开始及结束接收的年月日等事项，向法务大臣进行备案（《入管法》第19条第17款、《入管法施行规则》第19条第16款）。

备案方式有三种：一是通过出入国在留管理厅电子备案系统进行备案；二是向最近的地方出入国在留管理官署提交备案；三是以邮寄的形式寄到东京出入国在留管理局在留管理情报部门，邮寄时除了备案书外，还需附有证明所属机关职员身份的文件等的复印件，并在信封的表面用红笔写上"备案书在内"。

法律目前对这一项备案义务并未规定惩罚措施，但如果未进行备案时，有可能会影响今后雇用其他外籍员工时的在留资格申请等，因此建议还是合法经营，提前做好各项备案为好。

第五章 日本的签证申请 5

一、日本的在留资格概要

（一）在留资格

我们平时常说去日本要申请签证，要在日本工作生活也需要签证。实际上这里所说的签证有两层意思，要在日本工作生活还需要的是在留资格。签证是指通过日本在国外的使领馆申请进入日本境内的行政许可。而日本的在留资格是指，希望进入日本滞留或居住的外国人，根据《日本出入国管理及难民认定法》及相关规则的规定，提出申请；经审查，符合日本《入管法》别表 1 和别表 2 中规定的各种在留资格的活动范围及法务省令规定的基准时，给予申请人在日本境内活动资格或居住资格的一种行政许可。

也就是说，如果只是想要来日本短期旅游的，那么只需要向日本在外国的使领馆申请签证即可。如果想要在日本境内长期工作和生活，那么其在进入日本国境之前，需要通过代理人向日本的出入国在留管理局申请并获得"在留资格认定证明书"后，再持该"在留资格认定证明书"，向申请人所在地的日本驻本国使领馆申请进入日本境内的签证。之后，再持贴有"上陆许可"标签的护照、签证、在留资格认定证明书进入日本。根据日本的在留管理制度规定，对于获得中长期在留资格认定证明书的外国人，通过东京都的成田机场和羽田机场、爱知县常滑市的中部机场、大阪府的关西机场、北海道千岁市的新千岁机场、广岛县三原市的广岛机场、福冈县福冈市的福冈机场进入日本时，可以直接在过海关时，拿到仅发放给获得中长期在留资格外国人的"在留卡"。如果通过前述以外的机场或港口入境日本时，则在做过住所地备案后，出入国管理厅会将在留卡邮寄（邮寄获取在留卡的过程比较花费时间，在留卡又是外国人身份的证明，找房子签约、办理手机电话卡、开银行账户等都需要用到。建议在入境之初，选择在能当场拿到在留卡的机场办理会比较好。）到该住所地。之后该外国人就可以持卡在日本按照其被许可的在留资格所允许的活动范围内工作和生活。

（二）在留资格种类

目前，日本在留资格大的种类有 29 个。其余的还有法定特定活动、告示特定活动及告示外特定活动等 50 多种以"特定活动"为名的在留资格。根据不同的标准，可以将在留资格分为以下几个类别。

1. 活动资格

按照外国人在日本可以进行特定活动的范围为着眼点，可以划分为以下各种在留资格（见表5-1）。

表5-1　　　　　　　　　　在留资格类别

在留资格种类	举例
外交	外国政府的大使、公使、总领事、代表团成员等，以及上述人员家庭成员
公务	外国政府的大使馆或领事馆的职员、由国际机构等派遣的公务人员，以及上述人员家庭成员
教授	在日本的大学或高等专科学校等进行研究、教育等的助教、教授等
艺术	作曲家、画家、作家等
宗教	由外国宗教团体派遣到日本进行布教等宗教活动的传教士等
报道	与外国的报道机关签约来日本进行取材等活动的记者、摄影师
高度专门职[a]	具有高度专业能力的人才，其在日工作有利于日本的国家利益，达到法务省令规定的积分标准的人
经营·管理	在日本从事贸易等事业或从事该事业管理的经营者、管理者
法律·会计业务	拥有法律上的资格，从事法律或者会计工作的外国法律事务律师、外国注册会计师等
医疗	拥有法律上的资格、从事医疗相关工作的医师、齿科医师、护士等
研究	与政府相关机构或民营企业等签订合同从事研究的人员

续表

在留资格种类	举例
教育	在日本小学、中学、义务教育学校、高等学校、中等教育学校、特殊支援学校、专修学校、语言学校从事语言和其他教育的教师等
技术·人文知识·国际业务	与日本的政府机构或民营企业签订合同，涉及理工科、人文科学领域的技术或知识，或者拥有外国文化思维的技术人员、翻译、设计师、市场营销人员等
企业内转勤	在日本的总公司、分支机构及其他营业场所的公私机构，将其在国外营业场所的工作人员，限期调任到日本的营业场所，从事技术人文知识国际业务项下的活动
护理	与日本的公私机构签订合同，从事护理或指导护理工作，拥有护理福祉士资格的人
兴行[b]	从事演出相关活动的演员、歌手、舞者、职业体育选手等
技能	与日本的公私机构签订合同，从事特殊产业领域、需要熟练业务技能的外国料理的厨师、运动指导者、航空器的操纵者、贵金属等的加工技师等
特定技能[c]	与法务大臣指定的日本的公私机构签订劳动合同，在需要通过外国人来解决人手不足的特定产业领域，技能达到法务省令规定的知识或经验水平的人
技能实习	基于日本的相关技能实习法规定，接受培训，从事与技能等相关业务的技能实习生
文化活动	不涉及报酬，专门研究日本特有文化或技艺，或接受专家指导学习的研究人员等
短期滞留	短期滞留日本，进行观光旅游、休养、体育、探亲、讲习、商务会谈等活动的游客、商务人员等
留学	在日本的大学、短期大学、高等专门学校、高等学校、中等学校及小学校等学校接受教育的学生
研修	在日本的公私机构接受技能学习的研修生
家族滞留	接受持合法在留资格（除外交、公用、特定技能1号、技能实习、短期滞在）的外国人抚养的配偶、子女等

续表

在留资格种类	举例
特定活动	法务大臣针对各个外国人从事指定的一些活动，如外交官等的家政服务人员、打工假期^d、根据经济合作协议的外国护士、护理员候补人员等

注：a. "高度专门职"，是指日本政府为了吸引外国人才，将"学历""工作经历""年收"等项目设定不同分数，以计算综合得分，如累计分数达到 70 分以上时，则可获得该在留资格，从而享受其他在留资格无法享有的"永住申请时限缩短""满足一定条件可父母来日"等政策优惠。该在留资格分为 1 号和 2 号，1号又分为高度研究、研究指导或教育活动的"イ"号，高度专门或技术活动的"ロ"号，高度经营或管理工作的"ハ"号；2 号则包括 1 号的三种活动范围在内，几乎就劳范围无限制。

b. "兴行"，是指向观众收取入场费用的戏曲、电影、体育、表演等文娱活动。外国人在日本进行前述相关活动时，需申请该在留资格。

c. 特定技能分为"特定技能 1 号"和"特定技能 2 号"，是在 2019 年 4 月新设的一种在留资格，目的是解决某些特定行业劳动力严重短缺的问题。1 号涉及护理、大楼清洁、农业、渔业、食品制造业等；2 号申请的门槛极高，目前仅限制在建设业和造船业。

d. 为了理解日本文化或感受日本的生活方式，外国人在日本短期度假时，可以在必要范围内从事可获得报酬的工作，用以填补旅行资金的一种在留资格。

2. 身份和地位资格

根据外国人的特定身份或地位，而允许其在日本居住为着眼点，可以划分为以下几个种类（见表 5 - 2）。

表 5 - 2　　　　依据特定身份或地位的在留资格类型

在留资格种类	举例
永住者	接受法务大臣许可，获得永住资格的人
日本人的配偶者等	日本人的配偶、子女、特殊养子
永住者的配偶者等	永住者等的配偶及作为永住者等的子女在日本国出生且今后也继续在日本居留的人
定住者	法务大臣基于一些特殊理由，允许其在一定的在留期内在日本居住的人，如第三国的难民、日系第 3 代等

3. 根据能否从事营利性事业活动或接受报酬的活动的标准

拥有活动资格或身份地位资格的外国人，根据其在日本的活动内容是否受限，是否可以从事营利性的事业活动，或是否可以从事接受报酬的工作，分为以下几种类型（见表5-3）。

表5-3　　　　　　依据是否就劳的在留资格类型

可否就劳	在留资格种类
可以，但有特定工种限制	外交、公务、教授、艺术、宗教、报道、高度专门职、经营·管理、法律·会计业务、医疗、研究、教育、技术·人文知识·国际业务、企业内转勤、护理、演艺、技能、特定技能、技能实习
无限制	永住者、日本人的配偶者等、永住者的配偶者等、定住者
只能从事指定的活动	部分特定活动（如家政服务员、假期打工）
禁止	文化活动、短期滞留、留学、研修、家族滞留、部分特定活动

对于一些禁止就劳的在留资格，如果确实需要通过一定的工作来补贴生活费用（如留学生群体）在不影响原本在留目的的情况下，可以申请1周工作28个小时以内的资格外活动许可。

（三）在留管理制度

过去由于非法滞留的"黑户"增加，且外国人犯罪的情况也与日俱增。为了解决这些社会问题，也为了更好地把握外国人在日本的活动情况，2012年日本导入了新的在留管理制度，将入国管理局把握的情况与市区町村掌握的情报合二为一，对在日本拥有中长期在留资格的外国人发放在留卡。外国人相关的一些事项如果发生变化，则需要向出入国在留管理厅做备案。同时废除了过去的外国人登录制度，外国人也与日本人一样适用《住民基本台账法》。通过住民票反映和管理外国人的姓名、年龄、住址、国籍、家庭关系、个人番号、国民健康保险、国民年金被保险者资格、护理保险、儿童津贴领取资格等个人及家庭信息。当外国人发生在留资格的种类、身份事项等变更，或者记载事项发生修改订正等情形时，出入国在留管理厅会与该外国人住民票所在的市区町村，通过专用的客户端系统及时互通有无、共享信息。

（四）在留卡

根据日本的在留管理制度，除了以下六种类型的外国人以外，对于在日本持有合法中长期在留资格的外国人员，发放在留卡（《入管法》第 19 条第 2 款）。

① 在留期间为"3 个月"的人。
② 在留资格为"短期滞在"的人。
③ 在留资格为"外交"或"公务"的人。
④ 由法务省令规定的视为符合上述三项标准的外国人。
⑤ 特别永住者。
⑥ 无在留资格的人（非法滞留的"黑户"）。

在留卡上记载着该外国人的姓名、出生年月、性别、国籍或地区、在日本居住的主要住所地、在留资格、在留期间，以及在留满期日、许可的种类及年月日、在留卡编号、交付年月日及有效期期满日、有无就劳限制、有无资格外活动许可等信息。如果记载事项有变更，持有人负有及时进行变更的申请义务，以便法务大臣及时掌握变更事项。为了防止伪造，16 岁以上的人的在留卡上必须印有照片，并且在留卡内的 IC 芯片将记录持有者的在留卡的记载事项等信息（《入管法》第 19 条第 4 款）。

（五）在留卡持有人承担的义务

1. 携带及出示在留卡的义务

根据《入管法》的规定，中长期在留者收到法务大臣发放的在留卡或市町村长返还的在留卡后，必须随身携带。并且在入国审查官、入国警务官、警官、海上保安官及其他法务省令规定的国家或地方公共团体的职员因行使职权，要求出示在留卡时，必须要配合出示（《入管法》第 23 条第 2 款、第 3 款）。事实上，有很多外国人都不知道有这一项义务，可能有时候因为换包等原因未随身携带，恰巧碰上警察临检时，则可能面临的后果可轻可重。因为根据《入管法》规定，中长期在留者违反经常随身携带在留卡义务的，将被处以 20 万日元以下的罚金刑（《入管法》第 75 条第 3 款）。如果在国家、警察、地方公共团体的职员等公职人员为执行公务请求出示在留卡时，拒绝出示的，则刑罚将升级为 1 年以下有期徒刑或 20 万日元以下罚金刑（《入管法》第 75 条第 2 款）。被判处有期徒刑时，则不得不接受强制遣返的严重后果（《入管法》第 24

条第 1 款第 4 项）。

虽说在实际生活中，几乎没有听说过谁因为未带在留卡而承担前述的刑事责任的情形，但如果碰到要求提供在留卡，且身边没有任何可以证明自己身份的东西时，毫无疑问会被警察带到警察局盘查，或带着警察回家确认在留卡。为避免这种不必要的时间浪费，还是很有必要随身携带在留卡。

2. 禁止在留卡的出借和借用

在留卡对于外国人来说，就是类似身份证一样的证件，是其在日本合法滞留的证明。办理电话、银行卡、信用卡，购买大宗物件进行登记等都需要用到，其重要性不言而喻。有一些"黑户"由于没有在留卡，在日本生活面临各种不便，就会考虑向他人借用在留卡。实际上这是严重违反《入管法》的行为。使用他人在留卡的，以使用为目的将自己的在留卡出借给他人的，或以使用为目的提供、收受、持有他人名义在留卡的人，将被处以 1 年以下有期徒刑或 20 万日元以下的罚金刑（《入管法》第 73 条第 6 款）。除了"持有"之外，前述所说的出借、提供、收受的情形，即使是未遂也将判处刑罚。此外，犯本罪的，即使是只被判处罚金刑，也可能会面临强制遣返的严重后果（《入管法》第 24 条第 1 款第 3 项）。

3. 与住所地相关的备案

（1）初入国后首次住址备案

新在留管理制度导入后，中长期在留者与日本人一样，适用住民基本台账制度。根据《住民基本台账法》及《入管法》

的规定，中长期在留者进入日本后，必须要在住所地确定后的
14 天以内，持在留卡通过该市町村长（实际办理窗口为区役
所或市役所），向法务大臣提交住所地的备案。市町村长会在
该外国人的在留卡的背面记录住址后，再将在留卡返还给该中
长期在留者（《入管法》第 19 条第 7 款、《住民基本台账法》
第 30 条第 47 款）。另外，除了成田机场、羽田机场、新千岁
机场、中部机场、关西机场、广岛机场及福冈机场可以发放在
留卡外，通过其他机场或港口进入日本的中长期在留者的护照
上会记有"在留卡今后发放"的字样，同样需要在住所地确
定后的 14 天内，持护照进行上述备案手续。备案后，在留卡
将会以邮寄的方式发放。

实际上除了上述的新住址通过市町村长向外务大臣备案之
外，初入国的住所备案还伴随着一项义务，也就是向市町村长
做迁入备案。根据《住民基本台账法》第 22 条规定，日本人
在新的市町村的区域内确定居住时，需要就姓名、住所、迁入
年月日、以前的住所、是否为世代主（类似于户主）等事项
向市町村长备案，而刚来的外国人，由于所有记录都是空白，
因此需要对姓名、住址、出生年月日、性别、国籍等进行备
案，以便今后各项行政服务的管理。

鉴于住所地备案的重要性，《入管法》第 71 条第 5 款规
定，获得入境许可或获得中长期在留资格的人，未对住所地进
行备案的，将被处以 20 万日元以下的罚金刑。无正当理由在
90 天之内，仍未对住所地进行备案时，则可能会被取消在留
资格（《入管法》第 22 条之 4 第 1 款第 8 项）。此外，如果提
交的是虚假的住所地（《入管法》第 19 条第 7 款），不仅可能
会被处以 1 年以下有期徒刑或 20 万日元以下的罚金刑（《入管

法》第71条第2款），要是被判处有期徒刑，还会面临强制遣返的严重后果（《入管法》第24条第1款）。

（2）因资格变更的备案

原先没有中长期在留资格的外国人，因在留资格的变更（《入管法》第20条第3款）、在留期间的更新（《入管法》第21条第3款）、取得永住者资格（《入管法》第22条第2款）、取得特别在留资格（《入管法》第50条第1款）、取得定住者资格（《入管法》第61条第1款），成为中长期在留者时，同样负有住所地备案义务，需要在住所地确定后的14天以内，持在留卡通过住所地所在的市町村长，向法务大臣提交住所地备案（《入管法》第19条第8款）。如果新中长期在留者根据《住民基本台账法》，进行了初入国的住所迁入备案（《住民基本台账法》第30条第46款），或原先已有住所，后成为新中长期在留者时，向市町村长做了住所地的备案（《住民基本台账法》第30条第47款）时，则视为已向法务大臣履行了《入管法》第19条第8款的住所地备案义务（《入管法》第19条第3款）。

既然规定了在留资格变更伴随着住所地备案的义务，那么《入管法》也同样规定了刑事责任，未备案的将被处以20万日元以下的罚金刑（《入管法》第71条第5款）。无正当理由在90天之内未对住所地进行备案，则可能会被取消在留资格（《入管法》第22条第1款第8项），此外，如果提交的是虚假住所地时（《入管法》第19条第8款），不仅可能会被处以1年以下有期徒刑或20万日元以下的罚金刑（《入管法》第71条第2款），如被判处有期徒刑时，还会面临强制遣返的严重后果（《入管法》第24条第1款第4项）。

（3）住所地变更后的备案

由于考上大学、换工作等各种原因，外国人并非一直都住在同一个地方，有可能频繁地进行搬家。这时候，必须事先向旧住所地的市町村长提交欲搬家外国人的姓名、搬家目的地及预计搬家的年月日等备案材料（《住民基本台账法》第24条）。备案后，会从市役所拿到一份"迁出届出"。搬家后，在14天以内持前述的"迁出届出"、在留卡、个人番号卡（如有），向新住所地所在的市町村长提交新住所的迁入备案（《入管法》第19条第9款），此时新的住址将会被记录到在留卡的背面。

与前面的住所地备案一样，如果因为搬家后未对住所地进行变更备案，将被处以20万日元以下的罚金刑（《入管法》第71条第5款）。无正当理由在90天之内未对住所地进行备案，则可能会被取消在留资格（《入管法》第22条第1款第8项）。此外，如果提交的是虚假住所地时（《入管法》第19条第9款），不仅可能会被处以1年以下有期徒刑或20万日元以下的罚金刑（《入管法》第71条第2款），如被判处有期徒刑时，还会面临强制遣返的严重后果（《入管法》第24条第1款第4项）。

4. 其他记载事项变更备案

除住所地相关的事项需要备案以外，中期长期在留者发生姓名、出生年月、性别、国籍或地区、在留资格种类、在留期间、就劳限制、资格外活动许可等变更时，需要在变更事项发生后的14天内，向出入国在留管理厅提交变更的备案。根据变更，出入国在留管理厅会发放新的在留卡（《入管法》第19条第10款）。实际上除了姓名、出生年月、性别、国籍地区等变更时需要特意去备案之外，其余如在留资格种类变更、在留期间更新等的变更，本身就需要向出入国在留管理厅申请，在获得行政许可的时候可以理解为已经做好了备案义务，无须额外进行备案程序。

当发生上述变更事项时，未备案的将被处以 20 万日元以下的罚金刑（《入管法》第 71 条第 5 款）。如果备案时提交的是虚假信息，不仅可能会被处以 1 年以下有期徒刑或 20 万日元以下的罚金刑（《入管法》第 71 条第 2 款），如被判处有期徒刑时，还会面临强制遣返的严重后果（《入管法》第 24 条第 1 款第 4 项）。

5. 在留卡有效期的更新

持在留卡的中长期在留者，除了该在留卡的有效期必须与该中长期在留者的在留期间一致外，应当在该在留卡的有效期满之日前的 2 个月内（有效期满之日正好是 16 岁生日时，应在 6 个月前），向法务大臣提交在留卡的有效期更新申请（《入管法》第 19 条第 1 款）。一般来说中长期在留者的在留期间与有效期间是一致的，但是永住者、高度人才 2 号的情况下，在留期间虽然是无期限，但在留卡却是有有效期的，每 7 年需要更换新的在留卡（《入管法》第 19 条第 1 款第 1 项）。如果确实有万不得已的理由，无法在上述规定的时间内进行申请，只要是在该在留卡的有效期内，向法务大臣提交更新申请即可（《入管法》第 19 条第 2 款）。违反在留卡有效期更新相关规定的人，不仅可能会被处以 1 年以下有期徒刑或 20 万日元以下的罚金刑（《入管法》第 71 条第 2 款），如被判处有期徒刑时，还会面临强制遣返的严重后果（《入管法》第 24 条第 1 款第 4 项）。

6. 在留卡的再发放

（1）因遗失等原因

持在留卡的中长期在留者，因在留卡遗失、被窃、灭失或其他原因而丧失在留卡的持有时，应在知道该事实之日起（不在日本期间知道该事实时，应在其回日本的首日起）14 天内，向法务大臣提交在留卡重新发放的申请（《入管法》第 19 条第 12 款）。

由于外国人通过在留卡可以实现其在日本的各项活动，并且通过随身携带以保证被盘查时可以迅速确认其合法滞在日本的资格，因此在留卡的重要性不言而喻。如果因为各种原因丧失了对在留卡的持有，且不申请发行新的在留卡时，将有可能直接被处以 1 年以下有期徒刑或 20 万日元以下的罚金刑（《入管法》第 71 条第 2 款），如被判处有期徒刑时，还可能面临强制遣返的严重后果（《入管法》第 24 条第 1 款）。

现实生活中也可能存在以为自己的在留卡被盗或丢失，就马上申请换了新卡，后来发现原来的旧在留卡并未丢失的情况。这时应在发现之日起 14 天内，将旧的在留卡交还给法务大臣（《入管法》第 19 条第 3 款），违反该规定的，将被处以 20 万日元以下的罚金刑（《入管法》第 71 条第 5 款）。

（2）因污损等原因

持在留卡的中长期在留者，其在留卡有明显损毁、污损，或在留卡芯片中的记录丢失，或有其他正当理由想换新卡时，可以向法务大臣申领新的在留卡。法务大臣如发现中长期在留者持有的在留卡有显著损毁、污损或在留卡中的记录丢失时，可以凭职权命令该中长期在留者重新申请新的在留卡。接到该命令的中长期在留者应当在接到命令之日起 14 天以内，向法务大臣提交发放新在留卡的申请（《入管法》第 19 条第 1 款、第 2 款）。

鉴于在留卡的重要性，当法务大臣发出要求换新在留卡的命令时，说明该在留卡已经丧失了其应有的作用。如果中长期在留者接到该命令后的 14 天内，未申请新在留卡时，将有可能直接被处以 1 年以下有期徒刑或 20 万日元以下的罚金刑（《入管法》第 71 条第 2 款）。如被判处有期徒刑时，与丢失等的情形一样，同样面临强制遣返的严重后果（《入管法》第 24 条第 1 款）。

7. 从所属机构离职等

除了一些短期滞在等特殊签证外，外国人想要合法地在日本滞留，需要有一家能接收该外国人的所属机构，例如，持留学在留资格的，其所属机构便是其就学的学校；持医疗在留资格的，其所属机构便是其就诊的医院；而持各种可以就劳的在留资格的人，其所属的机构便是雇用其的公司、研究机构等。因此，如果这些所属机构发生名称、住址等变更，或者中长期在留者与其所属机构之间的关系发生变化时，也会有相应的备案义务。

根据《入管法》规定，持教授、高度专门职（第 1 号或第 2 号的高度经营管理）、经营·管理、法律·会计业务、医疗、教育、企业内转勤、技能实习、留学或研修在留资格的，如其所属的日本公私机构发生名称变更、住址变更、清算或者从该所属机构脱离或转籍，以及与持高度专门职（第 1 号或第 2 号的高度研究或高度技术）、研究、技术·人文知识·国际业务、护理、兴行（仅限与日本的公私机构签订劳动合同，从事与该在留资格相关的活动的情形)、技能或特定技能在留资格的人签订劳动合同的日本公私机构［高度专门职的在留资格（仅限第 1 号高度研究）时，则是法务大臣指定的日本的公私机构］的名称或住所地变更、清算，或与该所属机构之间的合同解除或签订新的合同时，需在该事由发生后的 14 天内，向出入国在留管理厅长官提交有关该事项的备案（《入管法》第 19 条第 1 款第 1 号、第 2 号）。违反前述规定的，将被处以 20 万日元以下的罚金刑（《入管法》第 71 条第 5 款）。

8. 持家族滞在资格的人离婚、丧偶时

根据《入管法》的规定，持家族滞在、日本人配偶者等、永住者配偶者等的在留资格的人，由于其在日本的立身之本必须完全依附于其配偶，因此其与配偶的关系发生变化时，如离婚或丧偶，就应当在该事实发生后的 14 天以内，根据所属机构变更的规定（《入管法》第 19 条第 3 款），向出入国在留管理厅长官提交有关该事项的备案。违反前述规定的，将被处以 20 万日元以下的罚金刑（《入管法》第 71 条第 5 款）。一般持家族滞在或配偶在留资格的人，在其与配偶的法律上的婚姻关系消灭时，实际上就丧失了在日本的合法滞留资格。想要继续留在日本，则必须尽快申请其他的在留资格。

二、相关的在留资格

（一）经营·管理

不论投资人在日本设立公司出于何种目的，一般而言需要

自己亲自经营公司时，就有长期合法滞留日本的需求，此时就需要申请中长期在留资格。很多人会把这种中长期在留资格称为投资管理签证，其实这是过去的旧称呼，在 2014 年法律修改时这个名称已被废除。现在与其相似的是"经营·管理"在留资格。

如字面所述，"经营·管理"这个在留资格，是为了外国人可以在日本从事经营或管理工作而设。如果外国人在某公司担任管理者，如担任公司的"代表取缔役（法定代表人）""取缔役（董事）""监查役（监事）"等职务，又或者身居公司重要的管理岗位，如部长、工厂长、支店长等，就可以申请该签证；反之，如果仅仅是作为股东出钱设立公司，而未在公司担任任何管理职务，也不符合该在留资格的申请条件。

1. 申请条件

（1）确保有经营场所

设立公司最重要的事项之一，便是需要有一个场所可以作为公司的办公室。根据日本的《会社法》第 911 条第 3 款规定，办理株式会社的设立登记时，必须要登记公司的本店或支店的所在场所。而出入国在留管理厅的《入国在留审查要领及归化事件处理要领》（以下简称《在留审查要领》）规定，想要申请"经营·管理"的在留资格，在日本必须有用于事业经营的营业场所。如果事业还未启动，则必须确保在日本有即将作为经营场所来使用的设施。

有些人在创业初期，为了节约成本，可能会考虑租用虚拟办公室或服务型商务办公室。虽然从工商登记的角度来看，无须提供租赁合同等资料证明对该办公室拥有合法使用权，只要有一个地址即可设立公司。但是，在申请"经营·管理"在留资格时，需要审查公司的实体是否存在。因此对经营场所的要求较高，需要满足以下两点。

> ① 作为一个单一的经营主体，拥有一定的场所，占据一定的区域，用以从事经营活动。
>
> ② 拥有人员和设备，能够持续性地生产、提供商品或服务。

可以看出，如果是使用无实体的虚拟办公室，或租借目的仅限于居住的场所，无法满足该在留资格的申请要件。实际上在该在留资格的申请过程中，签证审查官对于一些不太像是可以作为办公场所的地址，除了需要租赁合同外，可能还会要求追加办公室内部的照片，以及公司设置在一楼玄关的邮箱照片等。所以如果公司规模较小、初期资金有限，实务中比较多的情况是先以个人的名义签订租赁合同，在租赁合同中，与房东约定好该物件不仅作为居住使用，还将作为公司的办公场所。之后在一个独立的房间内配备电话、电脑等办公用品，作为单独的办公室使用。

（2）确保运营资本金

设立公司另一个重要的要件是资金。这个资金可以体现在注册资本金上，也可以体现在公司拥有的财产上。与中国设立公司的认缴制不同，日本实施的是实缴制。在向法务局递交公司设立的申请材料中，必须有确认资金已到位的证明材料。不过日本设立株式会社并没有规定注册资本金的最低限额，因此原则上 1 日元也可以成功设立。但向法务局申请设立公司与向出入国在留管理厅申请"经营·管理"毕竟是两个不同的独立程序。对于外国人申请"经营·管理"的在留资格，出入国在留管理厅的审查要领中有较为明确的资本金要求。在提交申请材料时，必须满足以下任一情形：

> ① 除从事经营或管理的人员外，拥有两名以上居住在日本的全日制员工。
>
> ② 注册资本金或出资总额在 500 万日元以上。
>
> ③ 其他与前述两项规模相当的情形。

可以看出，500 万日元并不指的是注册资本金，它代表着想要申请"经营·管理"在留资格时公司应该达到的规模程度。例如，注册资本金只有 10 万日元，并且拥有两名全日制员工时，也可以达到申请条件。因为按照日本的工资标准，雇用两名全日制员工时，一年的工资等支出差不多也需要 500 万日元左右，同理可推，雇用一名全日制员工时，则注册资本金就可能要求不得低于 250 万日元，以达到 500 万日元的这一规模要求。

（3）确保拥有企业管理经验

根据《在留审查要领》的规定，申请"经营·管理"在留资格的人，虽然没有学历要求，但必须拥有三年以上的企业经营或管理经验，并且必须获得与日本人从事该岗位时相当或以上的报酬。如果本身既是出资人（股东），又亲自经营公司的，甚至不一定必须要有企业管理经验。因此，有一些人想将国内的父母带来日本生活时，就会考虑通过这种方式取得在留资格。当然，审查官在审查时，对是否许可还是比较谨慎和严格的。如果没有相关企业经营管理经验的，需要通过提交的理由书、事业计划书等其他材料，综合判断是否许可。此外，如果申请人在日本或外国的大学院，也就是读硕士（日本称为修士）期间，主攻经营或管理相关专业的，也算满足该条规定的"实务经验"。日本的硕士一般是读两年，因此只要再有一年的企业经营管理经验，理论上就符合该要件。

2. 提交材料

根据出入国在留管理厅公开的信息显示，申请"经营·管理"在留资格时，需要提交包括但不限于以下材料（由于没有非常具体详细的公开审查标准，是否能获得许可，很大程度依赖于审查官的裁量权。如果审查官认为某一部分的证明材料薄弱时，就会要求追加补充材料或提交理由书等。因此以下材料仅做参考）。

① 在留资格认定证明书交付申请书。

② 照片（竖4厘米×宽3厘米）。

③ 能证明申请人活动内容、期间、地位及报酬的材料。例如，股东会决议的会议记录，被雇用担任管理者时还需提供劳动合同等。

④ 工作经历、在大学院所学专业是与经营或管理相关的证明材料。

⑤ 能确认公司情况的材料。如登记事项证明书复印件（类似营业执照），如果该法人的登记还未结束，则提供章程或其他能证明该法人已经预备开展事业的材料复印件等。

⑥ 能证明事业规模的资料。如能确定注册资本金的金额或出资总额的材料。注册资本金不多，但雇用两名以上全

日制员工时，则提供与员工工资支付有关的文件以及两名员工的住民票、在留卡等复印件。

⑦ 能确认公司经营所需设施存在的材料。如果公司拥有不动产时，则提供不动产登记簿藤本；如果是租赁的办公室，则提供租赁合同等。

⑧ 其他资料。如事业计划书、未来 1 年或 2 年的损益预测表、资本金来源说明书等。

3. 更新条件

"经营·管理"在留资格的期限有 3 个月、4 个月、1 年、3 年、5 年。具体多长时间要根据审查官的判断。实务中比较常见的情形是给 1 年。在留期满 3 个月前需要办理在留期间更新许可申请。除了申请书、照片外，还需要提供最近一个年度的决算材料复印件、住民税的课税或非课税的证明书，以及记载 1 整年的总所得及纳税情况的纳税证明书等。

除申请人在日期间留下刑事犯罪前科，或采用一些手段违法申请消费税退税，被税务部门处分等情形外，在留期间是否能够获得更新许可，还有一个非常重要的判断标准就是：公司是否拥有可持续性。

如果第一年的会计决算是"亏损"，一般审查官会综合判断融资、借贷等情况，如负债过多，可能还需进一步确认放款方的情况，以便进一步查验公司的实体以及申请人在日期间活动的情况是否存在虚假。如果两年以上连续亏损，审查则更为慎重。实务中第三年不给更新，公司被迫转让或清算的情况并不少见。

4. 其他类似"经营·管理"的在留资格

（1）外国人才创业

正常情况下，要来日本投资首先需设立公司，其次再申请"经营·管理"在留资格，最后才可以开展事业。但如果日本国内没有帮助做前期准备的人，或没有办法提前来日本租赁办公室等时，则前期准备工作会存在一定的困难。日本政府考虑这部分外国投资者的困难，根据《国家战略特别区域法》，规定如果身在海外的外国人愿意在日本某些特定的自治体区域开展事业，则可向特区的自治体提交"创业准备活动计划"。经该自治体的审查，如认为满足公告的条件，可给予6个月期限的"特定活动"在留资格。申请人可以利用这6个月的时间，在日本开展创业的各项准备工作。如时间不够，可再次提交"创业准备活动计划"，申请延期6个月。截至2022年6月底，有这方面支援的特区仅有东京都的涉谷区、福冈县、爱知县、岐阜县、神户市等13个区域。

（2）留学生毕业后创业

日本政府为了方便外国留学生毕业后在日创业，从2020年11月开始，设定了一个新的在留资格。只要满足一定的条件，可给予最长2年的"特定活动"在留资格。

事实上，由于申请条件较为苛刻，笔者认为这也是一个较为"鸡肋"的在留资格。除了要满足500万日元资本金或雇用两名以上全日制员工外，还要满足办公室、办公设施等相当于"经营·管理"在留资格申请的条件。此外还需满足如下一些条件。

首先，申请人就学的学校必须加入"超级全球大学创建支援事业"或"留学生就业促进计划"。其次，申请人需要在校期间成绩和言行良好，获得大学的推荐。最后，在创业期内，大学需要每个月对创业活动进行确认，还需要提供事业计划策划支援、资金物件筹集支援等。从优秀到足以获得学校推荐这些条件来看，实际上就将很多人都排除在外。

一般来说，如果有创业计划的留学生，其实在还未毕业之前就已经开始做创业的准备，如提前设立公司。虽说"留学"在留资格无法立刻从事公司经营管理的工作，但可以先设立起来，等毕业后就可以直接将"留学"在留资格换成"经营·管理"签证。

（二）技术·人文知识·国际业务

（1）要求

在日本当地招聘外国人为员工，除持有永住者、永住者配偶、日本人配偶、定住者的在留资格外，其他都需要为其申请签证，最常见的是"技术·人文知识·国际业务"的在留资格。该在留资格与"经营·管理"在留资格不同，它有学历方面的要求，一般需要大学以上的学历，除了通过知识经验的积累外，更注重在大学等教育机构获得的系统性的理科或文科的知识培养。同时还要拥有日本人所不具备的、通过外国的历史和传统文化培养出来的外国人特有的思维方式与感知能力。申请人如果是从专门职大学及专门职短期大学（类似职业技术大学）毕业的，其教育内容未局限于某个特定职业，而是较为全面性地学习及精通其他领域知识时，也可被认为满足学历要件。

因此，申请人想要申请该在留资格，除了必须与日本的国有或民营机构签订工作合同外，还必须拥有化学、物理、生物科学等自然科学领域或法律、经营、社会或其他人文科学领域的技术或知识，从事的工作内容还需要能够发挥申请人作为外国人特有的思维方式和感知能力。通俗点讲就是指机械工学领域的技术人员、翻译、设计人员、语言老师、市场营销人员等，像一般餐饮店的厨师、工厂的流水线工人就无法申请该在留资格。但是在餐饮店或工厂从事需要用到上述理科文科知识的办公室文职等工作时，就满足申请条件。

（2）提交材料

申请该类型在留资格需要提交的材料，依公司类别的不同而有一定的差异。出入国在留管理厅将公司分为 4 个类别。第1 类是指日本的上市公司、独立行政法人、公益法人等；第 2 和第 3 类是按上一年度员工的工资所得源泉征收税额来分档区分；第 4 类是刚刚成立且未进行过年度会计决算的公司。除了申请书、照片等共通的材料外，一般需要提交包括但不限于如下材料（根据审查官的判断，有时会需要提交补充材料）。

① 能证明申请人学历和工作经历相关的证明材料。

② 能证明申请人活动情况相关的材料。例如，劳动合同或劳动条件通知书，如担任公司的役员，还需提交规定了役员报酬等内容的公司章程，或股东会关于役员报酬决议的会议记录复印件等。

③ 与其建立劳动关系的公司的登记事项证明书，以及其他可以反映公司历史沿革、役员构成、组织机构等反映公司实体信息的文件。

④ 公司最近一个年度的会计决算书及职员工资所得源泉征收票等法定调书合计表的复印件。设立后还未经过年度会计决算的则以事业计划书代替。如无法提供源泉征收票等法定调书合计表时，则需要提供源泉征收免除证明书等证明材料。

（三）企业内转勤

如果在日本的公司的投资人不是自然人，而是外国公司，且想从母公司派员工来日本的子公司，则可以申请"企业内转勤"在留资格。这个在留资格允许的活动范围，是从事"技术·人文知识·国际业务"项下的活动，但和"技术·人文知识·国际业务"不同的是，局限于企业内的转勤人员。因此，母公司、子公司、孙公司之间，或者在资本、技术、人事、交易等方面有较强控制权的关联公司之间的派遣、转籍人员，可以申请该在留资格。

由于其活动范围与"技术·人文知识·国际业务"一样，也是需要有"理科、文科的知识和技术"，或者"拥有以外国文化为基础的思考方式和感知能力"。因此，所要提交的材料，除了在留资格共通的材料外，还需要满足"技术·人文知识·国际业务"所需要提交的材料。除此之外，还需要提供如下能证明转勤关系的材料。

① 转勤前公司与转勤后公司关系的证明，如反映出资关系或资本关系的材料、登记事项证明书等。

② 证明申请人活动内容的材料，如转勤命令书、辞职书或劳动条件通知书等。

（四）永住（永久居住）

由于日本在养老、环境、医疗等方面比较有优势，因此很多投资者对日本的永住在留资格很感兴趣。永住许可是指，已持有日本某一种在留资格的外国人，根据法务省令规定的程序，通过向法务大臣申请，获得永久居住权利的一种行政许可。拥有永住许可的外国人，在留活动内容、在留期限等方面都不受限制。正因如此，其审查也比普通的在留资格更为严格，日本有一套与一般在留资格不同的独立审查规定。对于一般的在留资格，出入国在留管理厅都会在官网上公布详细且具体的申请材料，基本上只要提交的材料真实且有效，就可以获得许可；而永住在留资格不仅需要根据申请人所持的在留资格种类，提交大量不同的申请材料外，出入国在留管理厅还对外公布了如下三个其他在留资格都没有的审查标准，而这三个审查标准看似非常简单，并且至今为止也没有很明确且详细的官方解释，因此实务中，审查官的自由心证将左右成功申请与否的结果。

1. 申请条件

（1）品行优良

该要件粗看感觉范围过广，不太能确定具体指的是什么标准。实际上这是指申请人在日本期间有没有遵守日本法律。如果申请人因刑事案件被判处了有期徒刑、禁锢刑或罚金刑时，则意味着其留有前科，自然就不符合"品行优良"这个要件。

虽说是违反日本法律，其实并非所有具有犯罪前科的申请人都终身无法申请永住，而是对刑罚的种类、期限等做了限定性规定。根据《在留审查要领》的相关规定，即使被判处前述的三种刑罚，如果适用了日本《刑法》第 34 条第 2 款的刑罚消灭规定，或是被处以缓刑，且缓刑期平安无事地执行完毕，再经过 5 年后，也有可能符合本条规定的要件。

如前所述，违反《刑法》，留有前科时不符合该申请要件比较容易理解。其实在日常及社会生活中，如果反复性地做一些扰乱社会秩序的行为，也会被认定为不符合该要件要求。较为典型的是违反道路交通法的规定，如因为闯红灯、乱停车、超速等被判处"反则金①"的行政处罚。对于行政处罚类，一两次原则上不太会影响永住的申请，但如果是经常性、反复性的发生，则很有可能会被认定为"品行不良"。

此外，对于未成年人的永住申请者，如果根据《少年法》的相关规定，因其存在犯罪、违法或虞犯事实的一些不当行为而被限制人身自由，处于保护处分的状态时，也不符合"品行优良"的要件。

（2）具备足以独立生活的资产或技能

由于日本的高福利对外国人而言具有非常强的诱惑力，因此有很多人希望能移民日本。但是实际上在申请永住时，政府比较注重的一个方面是希望申请人在日本生活时不会成为公共社会的负担；并且从其拥有的资产或职业技能等方面来看，具备将来可以过上安定生活的可能性。简而言之，不会成为日本社会的负担，不会向日本政府申请生活救济，可以独立地过着

---

① "反则金"，是指对于比较轻微交通违法行为做出的一种行政处罚。

安定的生活。

不过凡事皆有例外，虽说要求申请人具有独立生活的经济能力和实力，但如果申请人是日本人、永住者、特别永住者的配偶或子女，他们本身就是作为被扶养人依附于扶养人的，肯定是没有独立谋生的能力，也妥妥地会成为公共社会的负担。考虑到这一点，《在留审查要领》中规定，对于此类申请人，只要以家庭为单位来看，能具备足以过上安定生活的条件时，即可被认为满足该要件。

（3）符合日本国的利益

除了上述两个申请条件外，还必须满足申请人申请在日本的永住在留资格，必须符合日本的利益要件。根据在留资格审查要领的相关规定，可以从以下几个方面来判断。

① 长时间作为日本社会的成员居住在日本。对于这个长时间的定义，原则上指的是在日本居留 10 年以上，其中持就劳在留资格（除技能实习及特定技能 1 号之外）或居住资格，连续在日本居留不低于 5 年，并且现在所持的在留资格的在留期间，满足《入管法》施行规则别表 2 中规定的最长在留期间。

举例来说，禁止就劳的"留学"在留资格变更为可以就劳的"技术·人文知识·国际业务"时，如果其持有"技术·人文知识·国际业务"的在留资格不满 5 年以上，且最新一次被许可的在留期间未达到"技术·人文知识·国际业务"的在留资格最长的 5 年在留期间的（实务中目前 3 年也被视为满足最长在留期间），就不符本要件。

另外，虽说居留需要有持续性，但短时间的海外出差、休假时暂时性地离开日本不属于"持续"的中断。即使因为公司的原因，需要长期外派到海外出差时，也不会立刻被判定为不满足该要件，而是需要考虑离开日本的原因、在日本是否有资产、今后的生活基础是在日本还是在其他地方等各方面要素来综合性判断。

当然要求所有的申请人一律必须满足居留 10 年以上的条件也不太现实，还是存在一些特殊的情况。

- 持高度专门职在留资格的人，其分数在 70 分以上时，在日本持续居留 3 年以上。
- 分数在 80 分以上时，在日本持续居留 1 年以上。
- 日本人、永住者及特别永住者的配偶，只要其婚姻真实持续 3 年以上，且在日本持续居留 1 年以上。
- 日本人、永住者及特别永住者的子女（包括特别养子女），在日本持续居留 1 年以上。
- 根据日本《〈对我国的贡献〉的指导方针》的规定，在外交、社会、经济、文化等领域，被认定为对日本有贡献的人，持续在日本居留 5 年以上。
- 作为定住者、难民，在日本持续居留 5 年以上。

② 履行纳税等公共义务。永住审查还有另一个审查要点——是否履行公共义务。这是指申请人有没有按期缴纳年金（养老保险）、医疗保险、地方税等，以及有没有按期做好《入管法》规定的各种备案。

关于税费的缴纳情况，一般会在申请永住的时间点确认过去 5 年的情况。对于日本人、永住者或特别永住者的配偶及养子（女）则是过去 3 年，亲生子女或特别养子是过去 1 年的纳税情况。

年金及医疗保险的缴纳情况则是从申请永住的时间点往前追溯 2 年。拥有 80 分的高度专门职及日本人、永住者或特别永住者的亲生子女或特别养子则是 1 年。

近年来，与永住相关的审查越来越严格，最早以前没有缴纳年金、医疗保险、税费，只要申请时补缴完毕也有可能获得永住许可。现在如果存在延迟纳税、延迟缴纳年金等，都已经不被允许。根据《在留审查要领》规定，如果申请人因为税费、保险费未缴纳的原因，导致永住未获许可，即使申请人补缴后再次提出永住申请，也不代表该要件已被弥补，而是需要从再次申请的时间点开始，重新计算新的确认期间，以判断是否有真正履行公共义务。

③ 从公共卫生的角度来看没有有害性。关于这个要件，在留资格审查要领也没有给出相应的标准，业界的通常是指没有罹患日本《传染病预防及传染病患者医疗相关法律》规定的传染病，或者没有与毒品相关的慢性中毒情况等。

2. 提交材料

申请永住时，除了提交出入国在留管理厅要求的材料外，根据审查官的判断，还需要提供其他的补充材料。此外，由于申请人在申请永住时已经持有在日本的中长期在留资格，因此根据其申请时所持的在留资格的不同，需要提交的材料也会有所不同。

除了提供申请书、照片、保证书、了解书等材料外，如果是日本人、永住者、特别永住者的配偶或其亲生子女时，由于其没有独立生活的资产和技能，因此重点需要提供申请人与扶养人亲属关系的证明，以及扶养人的工作、经济能力及纳税情况的证明材料。而对于持有就劳或家族滞在在留资格的申请人，则要提交为何要申请永住的理由书、包括家庭成员在内的住民票、存款或不动产相关的资产证明、纳税情况；对于申请人是高度人才外国人时，则重点要审查分数计算的依据材料等。

（五）家族滞在

家族滞在的在留资格也是很多人关心的问题。根据出入国在留管理厅的相关规定，持教授、艺术、宗教、报道、高度专门职、经营·管理、法律·会计业务、医疗、研究、教育、技术·人文知识·国际业务、企业内转勤、护理、兴行、技能、特定技能2号、文化活动、留学（仅限大学或与大学相当的教育机构的情形）在留资格的人，如果拥有足够的抚养能力，也有扶养他们的意愿，并且来日本后也将在一起共同生活时，可以为配偶或子女申请家族滞在的在留资格。

值得一提的是，给予"家族滞在"在留资格的前提是接受扶养人的抚养。因此原则上配偶在经济上需要依赖于扶养人，并且一起同居，而子女还需要接受扶养人监护。持"家族滞在"在留资格的人也只能在日本做一些日常生活范围内的事情或接受教育，不可以去从事全日制工作等伴随收入的活动。如果确实想打工以补贴家用的，可以申请每周28个小时以内的资格外活动许可。

如前所述，"家族滞在"在留资格的申请高度依赖于扶养人的经济状态，因此审查官的审查重点放在扶养人与被扶养人的关系确认，以及扶养人是否有足够的经济能力上。除了共通的一些申请书等材料外，还需要提供包括但不限于以下材料。

① 证明申请人与扶养人身份关系的材料。包括户口本、结婚证明复印件、出生证明复印件等。

② 证明扶养人职业及收入的材料。例如，在职证明书或营业许可书；住民税的课税或非课税证明书；记载一年总收入及纳税状况的纳税证明书；如扶养人是未就业的留学生等身份，则提供扶养人名义的存款余额证明，或明示有付款金额和付款期间的与奖学金支付有关的证明等。

一、中国企业"走出去"之前需要履行的手续

中国企业的对外投资，经历了一个较长时期的从封闭、限制到鼓励的发展阶段。从 2001 年中国加入 WTO 之后，为促进对外开放，实现投资贸易自由化，鼓励企业"走出去"的议题正式摆到了国家战略的层面。随后国家也出台了各项配套的法律法规制度。现阶段境外投资主要对敏感类项目、地区、国家、行业实施的是核准制，其他则实施备案制。整体来说需要经过国家发展和改革委员会的核准或备案、商务部或地方商务部门的核准或备案、最后再向地方外汇管理局进行外汇登记三个步骤。

（一）履行国家发展和改革委员会核准或备案手续

根据中国自 2018 年 3 月 1 日起施行的《企业境外投资管

理办法》的规定，投资主体直接或通过其控制的境外企业
开展的敏感类项目，核准机关是国家发展和改革委员会。
敏感类项目是指涉及敏感国家和地区或涉及敏感行业的
项目。

根据《企业境外投资管理办法》规定，敏感国家和地区
包括：

① 与我国未建交的国家和地区。

② 发生战争、内乱的国家和地区。

③ 根据中国缔结或参加的国际条约、协定等，需要限
制企业对其投资的国家和地区。

④ 其他敏感国家和地区。

敏感行业包括以下三种：

① 武器装备的研制、生产、维修。

② 流经两国或两国以上国境的水资源开发利用。

③ 新建或并购涉及时政且对国家安全有重要影响的境
外新闻机构（包括新闻网站）、出版机构、广播电视机构等
新闻传媒行业。

另外，虽非敏感行业，但国务院办公厅在 2017 年《关于
进一步引导和规范境外投资方向指导意见的通知》中，又确
定了以下 6 种属于需要限制企业境外投资的行业。于是国家发
展和改革委员会在 2018 年又将这 6 种需要限制行业列入了
《境外投资敏感行业目录》。

①从境内投入资产、权益或提供融资、担保等，在境外新建或并购住宅、商业地产项目以及并购用于建设住宅或商业地产的土地；或在境外新建或并购房地产企业、向境外既有房地产企业增加投资、投资境外房地产信托基金等房地产行业。

②从境内投入资产、权益或提供融资、担保等，新建或并购星级酒店、旅游度假村、商务酒店、一般旅馆等。

③新建或并购境外电影院、院线公司。但收购境外音乐制作公司或影视制作公司，不属于敏感行业。

④新建或并购境外室内娱乐设施（歌舞厅、电子游艺厅、网吧等）、境外游乐园、主题公园、彩票公司等。

⑤新建或并购雇用（或租用）运动员从事体育竞技、表演、训练、辅导、管理的组织、机构、企业等。

⑥在境外设立无具体实业项目的股权投资基金或投资平台，但不涉及境内投入资产、权益，也不涉及境内提供融资、担保等，全部从境外募集资金的股权投资基金或投资平台；或境内金融企业已取得国内金融监管部门批准的情况下，在境外设立无具体实业项目的股权投资基金或投资平台的不在此限。

除上述以外，不涉及敏感国家和地区也不涉及敏感行业的项目实行备案管理制度。在备案管理的项目中，如果中国企业是中央管理企业（含中央管理金融企业、国务院或国务院所属机构直接管理的企业），或者虽是地方企业，但中方投入的货币、证券、实物、技术、知识产权、股权、债权等资产、权益以及提供融资、担保的总额在 3 亿美元及以上的，必须向国家发展和改革委员会备案。投资主体是地方企业，且投资总额在 3 亿美元以内，则向地方企业注册地的省级政府发展和改革部门备案（见图 6 - 1）。

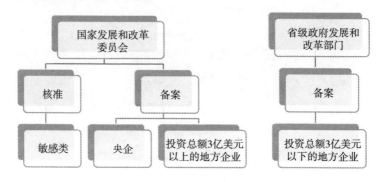

图 6 - 1　核准及备案的区分标准及申请部门

1. 核准程序和时限

（1）提交材料

对于实行核准管理的项目，投资主体应当通过国家发展和改革委员会政务服务大厅——全国境外投资管理和服务网络系统进行网上登记，并上传项目核准申报文件和项目申请报告。申请报告应当包括以下内容。

①投资主体情况。

②包括项目名称、投资目的地、主要内容和规模、中方投资额等在内的项目情况。

③项目对中国国家利益和国家安全的影响分析。

④投资主体关于项目真实性的声明。

投资主体是境内企业的，新项目申请所需提交的材料中，除了项目核准申报文件和项目申请报告外，还必须附有：投资主体投资决策文件；具有法律约束效力的投资协议或类似文件；境外投资真实性承诺书；证明投资资金来源真实合规的支持性文件；最新经审计的投资主体财务报表；可追溯至最终实际控制人的投资主体股权架构图。投资主体是境内事业单位、社会团体等非企业组织的，则无须提供最后一项。至于境内自然人通过其控制的境外企业开展境外投资时，则无须提供后三项。

（2）核准时限

项目申请报告和附件齐全、符合法定形式的，国家发展和改革委员会出具材料接收单，由承办司局复审后，确认无误的，则予以受理。项目申请报告或附件不齐全、不符合法定形式的，国家发展和改革委员会应当在收到项目申请报告之日起5个工作日内，一次性告知投资主体需要补正的内容。逾期不告知的，自收到项目申请报告之日起即为受理。不论受理或不受理，国家发展和改革委员会都应当通过网络系统告知该事项。

国家发展和改革委员会在受理项目申请报告后，如确有必要，应当在4个工作日内委托咨询机构进行评估。除项目情况复杂的，评估时限不得超过30个工作日。项目情况复杂的，经国家发展和改革委员会同意，可以延长评估时限，但延长的时限不得超过60个工作日。项目如涉及有关部门职责的，国家发展和改革委员会还应当商请有关部门在7个工作日内出具书面审查意见。

原则上，除委托咨询机构评估的时间外，国家发展和改革委员会应当在受理项目申请报告后 20 个工作日内作出是否予以核准的决定。项目情况复杂或需要征求有关单位意见的，经国家发展和改革委员会负责人批准，可以延长核准时限，但延长的核准时限不得超过 10 个工作日，并应当将延长时限的理由告知投资主体。

（3）审核标准

对符合核准条件的项目，如其满足以下条件，国家发展和改革委员会应当予以核准，并向投资主体出具书面核准文件。

> ① 不违反中国法律法规。
> ② 不违反中国有关发展规划、宏观调控政策、产业政策和对外开放政策。
> ③ 不违反中国缔结或参加的国际条约、协定。
> ④ 不威胁、不损害中国国家利益和国家安全。

2. 备案程序和时限

（1）提交材料

实行备案管理的项目，投资主体应当通过国家或地方发展和改革委员会（以下合称"备案机关"）的网络系统提交项目备案表和项目备案申报文件。结合备案机关公布的办事指南，需要提供包括但不限于以下材料。

> ① 营业执照复印件。
> ② 投资主体投资决策文件。
> ③ 具有法律约束效力的投资协议或类似文件。
> ④ 境外投资真实性承诺书。
> ⑤ 可行性研究报告。

⑥ 追溯至最终实际控制人的投资主体股权架构图。

⑦ 最新经审计的投资主体财务报表。

⑧ 证明投资资金来源真实合规的支持性文件。

⑨ 投资环境分析评价等。

（2）备案时限

项目备案表和附件齐全、符合法定形式的，备案机关应当予以受理。材料不齐全或不符合法定形式、项目不属于备案管理范围、项目不属于备案机关管理权限的，备案机关应当在收到项目备案表之日起 5 个工作日内一次性告知投资主体。不论受理或不予受理，备案机关都应当通过网络系统告知投资主体。原则上，备案机关在受理项目备案表之日起 7 个工作日内向投资主体出具《境外投资备案通知书》。

（二）履行商务部核准或备案手续

根据中国 2014 年施行的《境外投资管理办法》相关规定，商务部门与发展和改革委员会一样，对于涉及敏感国家和地区、敏感行业的实行核准管理，其他情形实行备案管理。

不论境外投资项目属于核准还是备案事项，最终都是由商务部门核准或备案。中央企业（国务院国有资产监督管理委员会履行出资人职责的企业及其所属企业、中央管理的其他单位）直接向商务部提出申请或备案，地方企业则通过其所在地的省级商务主管部门向商务部提出申请或备案。

关于备案事项，中央企业和地方企业只需通过商务部门的境外投资管理系统，填写并打印《境外投资备案表》，加盖印章后，连同企业营业执照复印件分别报商务部或省级商务主管部门备案。《境外投资备案表》填写如实、完整、符合法定形式，且无《境外投资管理办法》规定的禁止情形的，商务部或省级商务主管部门应当自收到《境外投资备案表》之日起3个工作日内予以备案并颁发《企业境外投资证书》。

对于核准项目，除了需要提交下列材料外，还应当征求中国驻外使（领）馆（经商处室）意见。

①包括投资主体情况、境外企业名称、股权结构、投资金额、经营范围、经营期限、投资资金来源、投资具体内容等信息在内的申请书。

②境外投资申请表。

③境外投资相关合同或协议。

④有关部门对境外投资所涉的属于中华人民共和国限制出口的产品或技术准予出口的材料。

⑤企业营业执照复印件。

商务部应当在受理中央企业核准申请后20个工作日内（包含征求驻外使（领）馆（经商处室）意见的时间）作出是否予以核准的决定。省级商务主管部门应当在受理地方企业核准申请后，对申请是否涉及《境外投资管理办法》规定的禁止情形进行初步审查，并在15个工作日内（包含征求驻外使（领）馆（经商处室）意见的时间）将初步审查意见和全部申请材料报送商务部。申请材料不齐全或者不符合法定形式的，省级商务主管部门应当在3个工作日内一次告知申请企业需要补正的全部内容。商务部收到省级商务主管部门的初步审查意见后，应当在 15 个工作日内作出是否予以核准的决定。

对予以核准的境外投资，商务部出具书面核准决定并颁发《企业境外投资证书》。需要注意的是，证书不得伪造、涂改、出租、出借或以任何其他形式转让，并且企业如果在领取证书之日起 2 年内，未在境外开展投资的，证书自动失效。如需再开展境外投资，需要重新办理备案或申请核准。已变更、失效或注销的证书也应当交回原备案或核准的商务部或省级商务主管部门。

（三）履行外汇局外汇登记手续

根据《境内机构境外直接投资外汇管理规定》及《国家外汇管理局关于进一步简化和改进直接投资外汇管理政策的通知》，现在由银行直接审核办理境外直接投资项下的外汇登记，国家外汇管理局及地方外汇局通过银行对直接投资外汇登记实施间接监管。投资主体就境外直接投资经发展和改革委员会和商务部门的核准或者备案后，在以其境内外合法资产或权益向境外出资前，应到注册地银行申请办理境外直接投资外汇登记。如果是以境外资产或权益进行境外直接投资的，银行还将审核境外资金留存或境外收益获取的合规性，涉嫌以其非法留存境外的资产或权益转做境外投资的，则不予办理境外直接投资外汇登记。

外汇局的资本项目信息系统中，登记了商务主管部门颁发的《企业境外投资证书》中的投资总额，银行将根据一般企业的实际需要对外放款。如果投资主体在收购境外企业股权或境外资产权益时，按项目所在地法律规定或出让方要求需要交纳保证金，或在进行境外直接投资前，需要实施市场调查、租用办公场地和设备、聘用人员，以及聘请境外中介机构提供服务等，可以向银行申请向境外汇出的前期费用。但前期费用一般不得超过投资主体已向主管部门申请的境外直接投资总额的15%。

关于境外直接投资外汇登记，需要提交包括但不限于以下材料：

①《境外直接投资外汇登记业务申请表》。

②营业执照或注册登记证明及组织机构代码证。

③发展和改革委员会和商务部门对该项投资的核准文件或《企业境外投资证书》。

④外汇资金来源情况的说明材料。

银行在审核上述材料无误后，向投资主体颁发《境外直接投资外汇登记证》。投资主体凭证办理境外直接投资项下的外汇收支业务。

如投资主体需要将其境外直接投资所得利润，以及其所投资境外企业减资、转股、清算等所得资本项下外汇收入留存境外，用于设立、并购或参股未登记的境外企业的；已登记境外企业发生名称、经营期限、合资合作伙伴及合资合作方式等基本信息变更，或发生增资、减资、股权转让或置换、合并或分立等情况；已登记境外企业发生长期股权或债权投资、对外担保等不涉及资本变动的重大事项；投资主体持有的境外企业股权因转股、破产、解散、清算、经营期满等原因注销的，投资主体应在情况发生之日，或取得境外主管部门相关证明材料之日起60天内，凭相关材料到银行办理登记、变更、备案、注销手续。

二、中国企业"走回来"——返程投资

（一）实际现状

众所周知，根据中国国家外汇管理局于 2007 年颁布的《个人外汇管理办法实施细则》规定，个人结汇和境内个人购汇实行年度总额为每人每年等值 5 万美元。超过年度总额的，需要凭本人有效身份证件及相关证明材料，办理购汇结汇或汇出境外的手续。就目前而言，资本项下境内个人对外投资只能通过 QDII（合格境内机构投资者）等规定的渠道实现，除此之外，居民个人购汇只限用于因私旅游、境外留学、公务及商务出国、探亲、境外就医、货物贸易、购买非投资类保险以及咨询服务等。

但实务中确实存在持有中国境内居民身份证的中国公民，以及虽无中国境内合法身份证件但因经济利益关系在中国境内习惯性居住的境外个人（以下合称境内居民）利用个人购汇中存在的一些漏洞，或利用已在海外的外汇资产等，向境外进行投资。对此，中国人民银行出台了《金融机构大额交易和可疑交易报告管理办法》，对当日单笔或者累计交易人民币 20 万元以上（含 20 万元）、外币等值 1 万美元以上（含 1 万美元）的跨境款项划转的大额交易或可疑购付汇交易进行监管。

国家外汇管理局还于 2014 年发布了《关于境内居民通过境外特殊目的公司融资及返程投资外汇管理有关问题的通知》

（以下简称《通知》），对违法的购付汇业务加大惩处强度，以打击外汇违规违法行为，并且明确了对境内居民在境外直接设立或间接控制的境外企业（以下简称特殊目的公司）实行登记管理。《通知》规定，境内居民以境内合法资产或权益出资的，在出资前应向注册地外汇局或者境内企业资产或权益所在地外汇局申请办理登记；以境外合法资产或权益出资的，则在出资前应向注册地外汇局或者户籍所在地外汇局申请办理登记。如果在《通知》实施前，境内居民已经以其境内外合法资产或权益向特殊目的公司出资，但未按规定办理登记的，应向外汇局出具说明函说明理由。外汇局根据合法性、合理性等原则办理补登记，对涉嫌违反外汇管理规定的，依法进行行政处罚。

如果境内居民或其直接、间接控制的境内企业，通过虚假或构造交易将境内外汇转移至境外，或者以欺骗手段将境内资本转移境外，用于特殊目的公司的，将被认定为属于逃汇行为。由外汇管理机关责令限期调回外汇，处逃汇金额30%以下的罚款；情节严重的，处逃汇金额30%以上等值以下的罚款；构成犯罪的，依法追究刑事责任。

未进行外汇补登记的境内居民，如果其在境外获得的收益等一直留存于境外，目前实务中确实存在监管的盲区，但如果想通过特殊目的公司，以外商投资者的身份对境内开展的直接投资活动，也就是说通过新设、并购等方式在境内设立外商投资企业或项目，并取得所有权、控制权、经营管理权等权益时，如果未做外汇补登记，则将存在很大的问题。因为在境内新设外商投资企业后，该外商投资企业应在领取营业执照后，到注册地外汇局办理基本信息登记，方可取得后续外汇业务的办理凭证。而外汇局审核的原则之一，就是要求申请人如实披露其外国投资者是否直接或间接被境内居民持股或控制。如外国投资者被境内居民直接或间接持股或控制，则外汇局在为该外商投资企业办理外汇登记时，将在资本项目信息系统中将其标识为"返程投资"。

未按规定办理相关外汇登记、未如实披露返程投资企业实际控制人信息、存在虚假承诺等行为，将根据《外汇管理条例》，由外汇管理机关责令改正，给予警告；对机构可以处 30 万元以下的罚款，对个人可以处 5 万元以下的罚款。如发生资金流出，由外汇管理机关责令限期调回外汇，处逃汇金额 30% 以下的罚款；情节严重的，处逃汇金额 30% 以上等值以下的罚款；构成犯罪的，依法追究刑事责任。若发生资金流入或结汇，由外汇管理机关责令改正，处违法金额 30% 以下的罚款；情节严重的，处违法金额 30% 以上等值以下的罚款。非法结汇的，由外汇管理机关责令对非法结汇资金予以回兑，处违法金额 30% 以下的罚款。

此外，未做"走出去"的相关申请和备案时，有可能还面临一个现实问题，那就是境内投资主体的境外企业或所属企业的人员在境外发生突发事件时，如何求助？向哪里求助？实际上我们常在新闻中看到，当一些国家或地区发生骚乱、冲突、战争、疫情、严重自然灾害等情况时，驻外使（领）馆（经商处室）将履行保护与服务职能，为中国公民提供各种帮助或实施撤侨行动。对此，商务部的《境外投资管理办法》规定，企业应当要求其投资的境外企业中方负责人当面或以信函、传真、电子邮件等方式及时向驻外使（领）馆（经商处室）报到登记；并应当落实人员和财产安全防范措施，建立突发事件预警机制和应急预案。在境外发生突发事件时，应当在驻外使（领）馆和国内有关主管部门的指导下，及时、妥善处理。就目前而言，虽然向驻外使（领）馆（经商处室）的备案登记义务并未规定相关的惩罚措施，但确实是现实中可能发生、无法规避的风险点之一。

（二）今后趋势

目前，中国国际收支个人购汇中确实存在一些漏洞，致使部分违规、诈骗、洗钱等行为时有发生，包括利用经常项目从事资本项目交易（如海外购房和投资等），还在一定程度上助长了地下钱庄等违法行为，扰乱了正常交易秩序。在改进个人购汇事项申报统计后，外汇管理部门可据此加强事后核查，对有关违规违法行为加强管理和处置。

商务部、国家统计局、国家外汇管理局也共同于 2019 年修订了《对外直接投资统计制度》，要求国家及各省级商务主管部门、统计部门、外汇部门采取统一管理、分级管理、逐级报送的方式，以所有发生对外直接投资活动的中国境内机构和个人（以下简称境内投资主体）为调查对象。对于其以现金、实物、无形资产等方式在国外及港澳台地区设立、参股、兼并、收购国（境）外企业，并拥有该企业 10% 或以上的股权、投票权或其他等价利益的各类公司型和非公司型的境外直接投资企业（以下简称境外企业），根据对外直接投资额、对外直接投资流量、年末对外直接投资存量、反向投资额、股权、收益再投资、债务工具、资产总计、负债合计、所有者权益合计、实收资本、销售（营业）收入、利润总额、年末从业人数、对所在国家（地区）缴纳的税金总额等指标，调查和统计境内投资主体的基本情况、境外企业的基本情况、对外直接投资流量和存量情况、成员企业间债务工具情况、境外企业返程投资情况、通过境外企业再投资情况、境外主要矿产资源情况、主要国际产能合作领域情况、对外直接投资月度投资情况、对外投资并购情况、农业对外投资合作情况、境外经济贸易合作区情况、通过境外企业再投资月度情况、对外投资带动出口情况等，进行调查和统计。

根据中国人民银行 2021 年 7 月发布的《中国数字人民币的研发进展白皮书》，数字人民币可以实现人民币管理、反洗钱和反恐怖融资、外汇管理等功能。事实上自 2019 年末以来，深圳、苏州、雄安、成都等城市及 2022 年北京冬奥会期间都开展了数字人民币试点测试。2020 年 11 月，增加了上海、海南、长沙、西安、青岛、大连 6 个新的试点地区。试点省市基本涵盖长三角、珠三角、京津冀、中部、西部、东北、西北等不同地区。截至 2021 年 6 月 30 日，数字人民币试点场景已超 132 万个，覆盖生活缴费、餐饮服务、交通出行、购物消费、政务服务等领域。笔者认为，数字人民币的使用前景广阔，届时境外投资的外汇管制漏洞也会在很大程度上被填补。

参 考 文 献

[1] 日本《地方自治法》。

[2] 日本《工会法》。

[3] 日本《会社法》。

[4] 日本《就业促进法》。

[5] 日本《劳动基准法》。

[6] 日本《劳动组合法》。

[7] 日本《劳资关系调整法》。

[8] 日本《进出口交易法》。

[9] 日本《外汇管理令》。

[10] 日本《最低工资法》。

[11] 商务部、国家统计局和国家外汇管理局联合发布《2020 年度中国对外直接投资统计公报》. （2021 - 09 - 29）[2022 - 10 - 12]. http：//www.gov.cn/xinwen/2021 - 09/29/content_5639984.htm.

[12]《中华人民共和国工会法》。

[13]《中华人民共和国外汇管理条例》。

[14]《中华人民共和国宪法》。